KB143611

낙태 논쟁

보수주의를 낙태하다

**낙태 논쟁,
보수주의를 낙태하다**

1판 1쇄 인쇄　2019년 6월 8일
1판 1쇄 발행　2019년 6월 12일

지은이　　　임종식
펴낸이　　　신동렬
책임편집　　구남희
외주디자인　장주원
편집　　　　현상철 · 신철호
마케팅　　　박정수 · 김지현

펴낸곳　　　성균관대학교 출판부
등록　　　　1975년 5월 21일 제1975-9호
주소　　　　03063 서울특별시 종로구 성균관로 25-2
전화　　　　02)760-1252~4
팩스　　　　02)760-7452
홈페이지　　http://press.skku.edu/

ⓒ 2019, 임종식
ISBN 979-11-5550-333-1　03100

낙태 논쟁

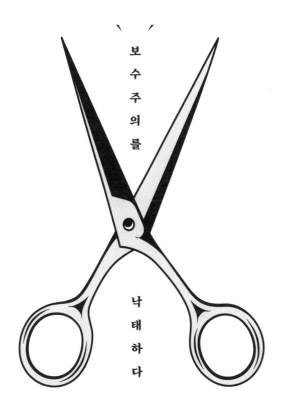

보수주의를

낙태하다

임종식 지음

사람의무늬

들어가며

2013년 1월, 독일의사협회가 쾰른 소재 가톨릭계 병원 두 곳을 맹비난했다. 노르트라인-베스트팔렌 주 보건부가 조사에 착수했고, 곧 사건의 전모가 밝혀졌다. 지난 12월, 파티에서 약이 든 음료를 마신 25세의 여성이 강둑에서 성폭행을 당한 것이 사건의 발단이었다. 그녀의 상태를 처음 확인한 응급의가 사후피임약을 처방한 후 정밀검사와 증거수집을 위해 그녀를 가까운 가톨릭계 병원으로 보내면서 한 편의 '막장 드라마'가 연출된다. 그곳의 의사는 병원 방침에 따라 진료를 거부했고, 새로 찾아간 가톨릭계 병원의 의사도 같은 태도를 보인 것이다. 상담조차 해주지 않았다는 사실에 여론이 더욱 들끓어 며칠 후 독일 주교회의가 성폭행 피해여성에게는 사후피임약 처방을 허용한다는 입장을 밝혔다. 하지만 수정을 막는 경우에 한하고, 수정된 난자를 낙태시키는 경우에는 여전히 불허한다는 단서를 붙였다.

놀랍게도 성폭행 피해여성을 진료하지 말라는 것이 병원의 방침이었다. 작정하고 의사로서의 의무를 팽개치겠단 말아닌가? 대명천지에 이런 일이 어떻게 가능했는지, 그것도 하느님의 사랑을 실천한다는 가톨릭계 병원에서 그랬다니 기가 찰 노릇이다.

못지않게 필자의 시선을 끈 건 그와 같은 방침을 세운 이유였다. 낙태를 언급하는 상황을 차단하겠다는 것이 그 이유였으며, 주교회의의 입장이 말해주듯이 그 이면에는 수정란부터 사람이라는(생명권이 있다는) 믿음이 자리하고 있다. 정말로 0.1mm 크기의 자의식도 없고 통증도 못 느끼는 단세포에게 생명권이 있는가? 그래서 그 단세포를 죽이는 것은 살인이고, 사후피임약은 살인도구인가?

초기배아의 착상을 방해하는 사후피임약은 빨리 복용할수록 성공률이 높아진다. 예컨대 '노레보'(Norlevo)와 같은 레보노제스트렐 성분의 사후피임약은 72시간을 넘어 복용하면 효과를 기대하기 어렵다. 그런 만큼 대다수의 국가에서 처방전이 필요 없는 일반의약품으로 분류하고 있지만, 우리는 전문의약품으로 분류해 약국판매를 불허하고 있다.

한편 '엘라원(ellaOne)'과 같이 울리프리스탈 아세테이트가 들어있는 사후피임약은 최대 120시간 이전에 복용하면 피임효과를 볼 수 있다. 하지만 우리의 경우 이 역시 대다수의 나라들과 달리 의사의 처방이 필요한 전문의약품으로 시판 승인한 바 있다.

미페프리스톤과 미소프로스톨 성분으로 이뤄진 먹는 낙태약 미프진(Mifegyne), 일명 'RU486'은 착상을 방해할 뿐 아니라 착상된 배아를 자궁벽에서 분리시키기도 한다. 미프진은 2017년 3월 기준 이탈리아, 독일, 프랑스, 영국, 중국, 베트남 등 세계 62개국에서 전문의약품으로 승인을 받았으며, 실질적으로 세계 119개국에서 합법으로 인정하고 있다. 세계보건기구(WHO)는 미프진을 필수의약품 목록에 포함시키고 '안전한 인공임신중절을 위한 가이드라인'에서 임신 초기인 12주까지 가장 안전한 낙태 방법으로 약물을 권고하고 있으며, 캐나다 오타리오주는 2017년 7월부터 무료로 공급하고 있다. 그럼에도 국내에서는 아예 반입을 금지해 유통 자체가 불법이다. 이 모두 가톨릭과 무관하지 않다.

가톨릭의 입김에 실리는 무게가 실로 가볍지 않다. 사후피임(낙태)약을 복용할 시기를 놓쳐 임신중절수술을 받기라도 한다면 심각한 부작용을 감수해야 하고 태아도 고통 속에 죽음을 맞을 수 있기 때문이다.

난마처럼 얽힌 낙태 문제를 어디서 풀어야 하는가? 해법은 간단하다. 어느 시점부터 태아가 생명권을 가지는지를 규명하면 된다. 태아에게 생명권이 없음에도 여성에게 희생을 강요하는 것은 언어도단이기 때문이다. 이 물음을 놓고 보수주의, 절충주의,

자유주의 세 진영이 각축을 벌이는 이유이다.

가톨릭을 위시한 보수주의 진영은 수정란 시점을 지목한다. 이에 맞서 자유주의 진영은 출생 시점을, 절충주의 진영은 수태와 출생 사이의 어떤 시점을 지목한다. 보수주의 진영이 낙태죄 존치를 주장하고 미프진의 도입을 저지하는 이유를 알 수 있는 대목이다.

자연상태에서도 염색체 문제로 20~60%의 초기배아가 착상을 못하고 흔적도 없이 사라진다고 한다. 심지어 80%가 사라진다는 주장도 있다. 일반적인 견해를 따라 50%의 배아가 사라진다고 해도 수태를 수정이 아닌 착상의 의미로 재정의 해야 하는 것은 아닌가? 1965년 미국 산부인과 학회가 재정의를 시도했지만 일반사전과 의학사전 모두 기존의 입장을 고수한 바 있다. 이 또한 가톨릭의 입김과 무관하지 않았다.

수정란부터 사람이라면 수정란을 죽이지 말아야 한다는 것은 불문가지이다. 또한 수정란부터 사람이라는 것이 성경의 내용이라면 이 책을 쓰지 않았을 것이다. 하지만 본문에서 알게 될 바와 같이 성경은 인간 생명의 시작점에 대해 침묵하며, 오히려 출생시점에 시작될 가능성까지 열어놓고 있다.

5살 무렵부터 콜롬비아 정글의 원숭이 손에 키워진 마리나 (Marina Chapman)는 구출된 후 의자에 앉는 방법도 배워야 했다고 술회한 바 있다. 그녀에게 단세포 수정란이 사람이라고 가르쳤다면, 그래서 사후피임약은 학살도구라고 가르쳤다면 어떤 반응을 보였겠는가. 수정란에 절대적인 가치가 있어 보이는 이유가 인간의 수정란이라는 강박 때문은 아닌지, 그 동안 세뇌를 당한 것은 아닌지 짚어봐야 한다는 얘기다.

합리성을 중시하는 가톨릭의 주장이니 이유가 있을 것이다. 이 책을 통해 그들의 주장을 평가함으로써 낙태와 사후피임약 논쟁의 표류를 끝낼 단초를 마련하고자 한다.

가임기의 여성과 사후피임약의 복용 여부를 놓고 혼선을 겪고 있는 여성에게 이 책을 권한다. 정책 결정자, 의사, 생명의료윤리 관련 강좌를 수강하고 있는 학생, 딸을 둔 부모, 여자형제가 있는 남성, 가임기의 아내를 둔 남편에게도 일독을 권한다. 아울러 수정란부터 사람이라는 교회 가르침의 설득력 여부를 확인하고 싶은 기독교인과 비기독교인은 꼭 읽었으면 하는 바람이다.

2019년 5월 18일
麥波 임종식

일러두기 1

2019년 4월 11일, 헌법재판소가 낙태 찬성론자들에게 벅찬 감동을 안겨주었다. 2012년 낙태죄 합헌 결정 후 7년 만에 헌법 불합치 결정을 내린 것이다. 낙태죄가 사실상 위헌이기는 하지만 즉각적인 무효화에 따르는 법의 공백과 사회적 혼란을 피하기 위해 법률을 개정할 때까지 한시적으로 그 효력을 존속시키겠다는 결정으로, 헌재가 정한 시일인 2020년 12월 31일까지 개정안을 형법에 반영하지 않으면 낙태죄는 위헌으로 그 효력을 자동 상실하게 된다.

개정안의 국회 통과 여부와 무관하게 낙태죄는 66년 만에 역사 속으로 사라질 운명에 놓였다. 이제 낙태 찬성론은 마침표를 찍은 것인가? 물론 아니다. 미국의 경우로도 확인할 수 있듯이 낙태 논쟁이 재점화 될 것이 불 보듯 뻔하다. 뿐만 아니라 서곡을 마치고 본곡을 위해 숨을 고르고 있는 상황이라 할 수 있다.

헌재 재판관이 지적했듯이 "자기낙태죄 조항으로 기소되는 사례가 매우 드물었고 그 경우도 악의적 동기에서 비롯된 게 상당수였다"는 점에서, 낙태죄 폐지에 만족할 수 없고 미프진 합법화라는 실리를 챙겨야 하기 때문이다. 하지만 그 길이 순탄치 않을 것임은 익히 짐작할 수 있다.

> "인공적으로 낙태를 유도하는 낙태약(자연유산 유도제)을 허용하는 것도 쟁점으로 부상할 것으로 전망된다. 프랑스 제약사가 개발한 자연유산 유도제 '미프진'이 주요 선진국에서 합법적으로 쓰이는 대표적인 의약품이다. 일각에서는 낙태수술과 별도로 낙태약까지 허용되면 우리 사회에서 무분별하게 낙태가 이뤄져 심각한 부작용을 야기할 수 있다는 지적을 내놓고 있다. 일찌감치 낙태를 허용한 일본도 낙태약 처방은 법적으로 금지하고 있다는 것이 대표적인 사례다." (서울경제, 2019-04-11)

미프진의 부작용이 우려할 만한 것인가? 우려의 목소리가 있는 것도 사실이다. 하지만 세계 119개국에서 합법으로 인정하고 있을 뿐 아니라 세계보건기구도 임신 초기인 12주까지 가장 안전한 낙태 방법으로 약물을 권고하고 있듯이, 미프진의 부작용은 임신중절수술로 인한 부작용 및 후유증에 미치지 못한다는 점을 상기해야 한다.

진짜 문제는 수정란부터 생명권이 있다는 보수주의자들의 주장이다. 그들의 주장이 옳다면 미프진은 살인도구가 맞다. 반면 그들의 주장이 자의적인 해석에 근거한 것이라면(그리고 임신 12주 이후에 생명권을 갖게 된다면) 미프진의 도입을 반대하는 것이 어불성설임은 두말할 나위가 없다. 미프진 문제의 해결 뿐 아니라 낙태 논쟁의 표류를 끝내기 위해서라도 보수주의에 대한 평가를 미룰 수 없다.

알아두기 2

낙태 문제가 문화, 사회, 인간학, 여성학, 보건의학 등 전방위적 관점에서 조명되고 있다. 이들 관점의 교차선상에 놓인 문제라는 점에서 자연스러울 수 있다. 헌법재판관도 합세해 "자신이 처한 신체적, 심리적, 사회적, 경제적 상황에 대한 깊은 고민을 한 결과를 반영하는 전인적 결정입니다"고 말한 바 있다.

하지만 이들 논의만으로는 문제를 해결할 수 없다는 데 유의해야 한다. 권리란 카드로 치면 으뜸패에 해당한다는 미국의 법철학자 드워킨(Ronald Dworkin)의 비유가 말해주듯이, 그리고 사회학자 재스퍼(James Jasper)와 넬킨(Dorothy Nelkin)이 권리를 "패할 수 없는 도덕의 으뜸패"로 정의했듯이 문화, 사회, 심리, 경제 등의 카드로 법과 도덕의 으뜸패인 '권리'에 대적할 수 없기 때문이다.

1973년, 임신 후 6개월까지의 여성의 낙태권을 인정하며 미국 대법원이 6개월 이전의 태아는 모체에 의존하지 않고는 생존할 수 없다고 판시한 바 있다. 6개월까지는 태아에게 생명권이 없다는 뜻으로서, 위의 내용을 판시한 이유는 명확하다. 6개월 이전의 태아에게도 생명권이 있다면 살인을 허용하는 것과 다르지 않았기 때문이다. 미국 대법원 판례에서도 확인할 수 있듯이 태아에게 생명권이 있는지, 있다고 해도 임신부의 자기결정권에 앞서는지 등의 권리에 관계된 물음을 빗겨 가서는 낙태와 사후피임약 문제를 해결할 수 없다는 점을 분명히 해두고자 한다.

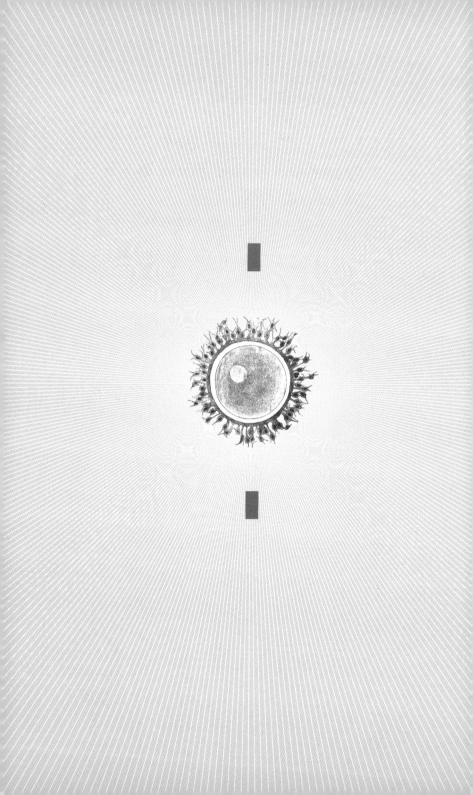

1 성경은 인간 생명의
시작점에 대해 침묵한다

1.1 과거 신학자들의 생각

르네상스가 전성기를 구가하던 1567년, 벨기에의 한 의사 가정에서 사내 아이가 태어난다. 위대한 신학자로 추앙받던 토마스 아퀴나스(Thomas Aquinas, 1225 – 1274)와 동일한 이름의 아이는 인문학에 심취했고, 그러던 중 고향인 앤트워프를 떠나 네덜란드로 이민을 떠난다. 1584년 레이던대학교에 입학해 스넬의 법칙을 확립한 스넬리우스(Rudolphs Snellius)와 저명한 인문학자 립시위스(Justus Lipsius)의 수업을 들었으나 학위는 마치지 않고 고국으로 돌아와 루뱅대학교에서 의학을 공부한다. 하지만 교육과정에 깊이 실망하고, 이탈리아에서 해부학을 전공해 후세에 의사이자 자연철학자로서 이름을 남긴다. 영혼이 들어오는 시점을 놓고 마치 운명의 장난처럼 토마스 아퀴나스와 대척점에 섰던 토마스 피에누스(Thomas Fienus) 이야기다.

고대 그리스 철학자 아리스토텔레스(Aristoteles, BC 384~322)는 정액과 생리혈이 섞여 수태가 이루어진다고 보았다. 아퀴나스도 이에 동의했으며, 비활동적인 생리혈은 정액에 있는 영혼을 동인으로 식물적 삶, 동물적 삶, 인간의 삶을 순차적으로 살아간다는 데도 동의했다.

하지만 아퀴나스는 아리스토텔레스와 달리 생리혈에 식물적 영혼이 있어 정액을 동인으로 태아는 처음부터 식물적인 삶을 산다고 보았다. 그리고 시간이 지나 식물적 영혼이 소멸되면 정액의 능력으로 보다 완전한 (식물적 영혼도 지닌) 동물적 영혼으로 대체되어 동물적인 삶을 살게 되며, 다시 시간이 지나 동물적 영혼이 소멸되면 신의 능력으로 보다 완전한 (식물적 영혼과 동물적 영혼도 지닌) 이성적 영혼으로 대체되어 인간의 삶을 살게 된다고 봄으로써 아리스토텔레스와 견해를 달리한다. (아리스토텔레스와 아퀴나스의 차이점은 '4장'에서 설명할 것이다.)

중세까지만 해도 아리스토텔레스의 영향으로 수태 이후에 영혼이 들어온다는 '수태 이후 영혼주입설(delayed animation)'이 지배적인 위치를 점했다. 아퀴나스 등 스콜라 신학자들은 팔다리를 움직일 수 있는 시점(태동 시점)에 이르러서야 영혼이 들어온다고 믿었으며, 이에 부응해 교회법학자들은 수태 후 40일 또는 80일을 영혼이 들어오는 시점으로 지목했다. 영혼이 들어오기 이전의 낙태를 살인으로 여기지 않았던 것도 이 때문이었다.

하지만 1500년대에 들어서며 개신교 신학자들에 의해 수태와 함께 영혼이 들어온다는 주장이 태동한다. 1600년 무렵 가톨릭교도들 사이에서 그들의 주장에 보조를 맞추려는 움직임이 고개를 들며, 피에누스가 교회의 가르침에 위배된다는 비난을 감수하고 산파를 자처함으로써 '수태 순간 영혼주입설(immediate animation)'이 모습을 갖추고 얼굴을 드러낸다.

"플라톤은 친구이고, 소크라테스도 친구이고, 아리스토텔레스는 아주 좋은 친구지만, 진리가 더 좋은 친구다."[1] 피에누스는 1620년에 발간된 저서에서 식물적 영혼과 동물적 영혼은 인간의 배아에서 기능을 발휘할 수 없다는 이유로 이성적 영혼에 앞서 그들 두 영혼이 발현된다는 아리스토텔레스와 아퀴나스의 견해를 부정한다. 대신 정액이 사출된 지 3일 이내에 이성적 영혼만이 들어온다고 주장하며, 그의 주장은 정자에 작은 인간이 들어 있다는 네덜란드의 현미경 전문가 레벤후크(Anton van Leeuwenhoek)의 발언으로 새로운 동력을 얻는다.

1658년 피에누스에 힘입어 신학자 플로렌틴(Jerome Flore-ntine)이 수태 순간 영혼주입설을 선포하고, 사라질 위기에 있는

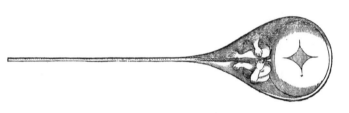

1667년 처음으로 정자를 관찰한 레벤후크는 정자에 작은 인간이 들어 있다고 믿었으며, 그로부터 100년이 지난 1775년에 이르러서야 비로소 이탈리아의 생물학자 스팔란차니(Lazzaro Spallanzani)에 의해 난자가 세상에 존재를 드러낸다. 수태가 이뤄지기 위해서는 난자가 필요하다는 사실이 드러났지만, 단세포 수정란이 배아로 성장한다는 사실은 1839년에 이르러서야 세포설을 주창한 독일의 생물학자 슐라이덴(Matthias Jakob Schleiden)과 슈반(Theodor Schwann)에 의해 밝혀진다. 네덜란드의 수학자이자 의사였던 하트소커(Nicolaas Hartsoeker)가 1694년에 그린 정자 그림에 작은 인간이 들어 있다.

수정란에게 세례를 줘야 한다고 주장한다. 그의 저서가 교황청 금서성(Congregation of the Index)에 보고됐지만 사소한 부분들을 수정할 것만을 요구하고 금서로 지정하지는 않는다.

피에누스가 '수태 이후 영혼주입설'을 부정한지 200년이 채 안된 1792년, 이탈리아 세니갈리아의 명문가에서 훗날 제255대 교황 비오 9세(Pius IX)가 될 마스타이 페레티(Giovanni Maria Mastai-Ferretti)가 태어난다. 지역에서 명망이 높았던 콘티 페레티의 9남매 중 막내로 태어난 마스타이 페레티는 성모마리아를 경외하는 어머니를 보며 성장기를 보낸다. 1809년 대학생활을 시작했으나 간질발작 증세로 학교를 떠나야 했고, 이후 우여곡절 끝에 27세였던 1819년에 사제수품을 받는다. 1827년에 스폴레토 대주교로 임명됐으며, 1840년에는 피에트로 본당의 사제급 추기경에 서임됐고, 1846년 54세의 나이에 교황으로 선출돼 32년을 재위하며 '마리아의 원죄 없는 잉태(무염시태)'와 '교황 무류성(無謬性)'을 선언했고, 수태와 함께 영혼이 들어온다고 선포함으로써 가톨릭 교회사의 한 페이지를 화려하게 장식한다.

잘 알려진 바와 같이 수태(수정)와 함께 인간의 생명이 시작된다는 것이 지금 가톨릭의 입장이다. 수정란을 죽이는 것을 살인으로 규정하는 이유로서, 가톨릭의 공식 입장인 만큼 다들 역사가 오래된 것이라 알고 있다. 하지만 불과 150년 전인 1869년에 비오 9세가 수태와 함께 영혼이 들어온다고 선포한 데서 연원했다는 사실은 놀랍지 않을 수 없다.

교황 비오 9세는 수태 순간에 영혼이 불어넣어졌기에 성모마리아가 원죄로부터 자유로울 수 있었다는 새로운 성모신학적 가르침에 따라 1854년에 '마리아의 원죄 없는 잉태'를 선언하고, 15년이 지난 1869년 수태 순간에 영혼이 들어오는 대상을 원죄에 물든 인간으로까지 넓힌다. 지금의 가톨릭 보수주의가 공식적으로 첫 테이프를 끊는 순간이었다.

1.2 성경은 인간의 생명이 출생 시점에 시작될 가능성까지 열어 놓고 있다

태동 시점에 영혼이 들어온다는 것이 신학자들의 오랜 생각이었다. 그런데 1869년에 영혼주입설의 지형도가 급격히 바뀐 만큼 성경에는 수태와 함께 영혼이 들어온다는 구절이 없어야 자연스럽다. 그와 같은 구절이 있다면 아퀴나스를 비롯해 태동 시점을 지목했던 신학자들은 성경을 탐독하지 않았거나, 아니면 성경을 불신했거나 둘 중 하나일 수밖에 없기 때문이다. 그럼에도 성경에 기록된 내용이라고 하니 아퀴나스 등의 신학자를 위해서라도 실제로 그런지 살펴보지 않을 수 없다.

> "그때에 주 하느님께서 흙의 먼지로 사람을 빚으시고, 그 코에 생명의 숨을 불어넣으시니, 사람이 생명체가 되었다." (창세기, 2: 7)

> "그분께서 다시 나에게 말씀하셨다. "숨에게 예언하여라. 사람의 아들아, 예언하여라. 숨에게 말하여라. '주 하느님이 이렇게 말한다. 너 숨아, 사방에서 와 이 학살된 이들 위로 불어서, 그들이 살아나게 하여라.' 그분께서 분부하신 대로 내가 예언하니, 숨이 그들 안으로 들어갔다. 그러자 그들이 살아나서 제 발로 일어서는데, 엄청나게 큰 군대였다." (에제키엘서, 9:10)

하나님의 숨, 즉 생기(영혼)로 인간의 육신이 생명을 얻었다고 성경은 가르치고 있다. 인간 생명의 기원에 대한 의문은 풀렸다. 하지만 가톨릭으로서는 위의 구절들에 만족할 수 없다. 숨이 불어넣어지는 시점, 즉 인간의 생명이 시작되는 시점에 대한 정보가 없기 때문이다.

물론 이 물음만 나오면 가톨릭을 위시한 보수주의자들로부터 어김없기 듣게 되는 구절이 있다. (수태시점부터 태아는 사람이고, 따라서 생명권을 가진다는 입장의 사람들을 보수주의자[conservatives]라 부른다.[2]) 다름 아닌 '예레미아서 1장 5절'이다.

> "모태에서 너를 빚기 전에 나는 너를 알았다. 태중에서 나오기 전에 내가 너를 성별하였다. 민족들의 예언자로 내가 너를 세웠다." (예레미아, 1:5)

하지만 위의 구절 어디에 수태 시점에 생기가 불어넣어진다는 의미가 담겨 있다는 건지 의아할 따름이다. 더욱 의아한 건 위의 구절이 수태 시점에 인간의 생명이 시작된다는 증거라고만 할 뿐, 왜 그런지에 대한 설명을 아낀다는 점이다.

"모태에서 너를 빚기 전에 나는 너를 알았다"는 대목은 뭐냐고 반문할 수 있다. 물론 어렵지 않게 답변할 수 있다. 그 말은

"네 육신을 짓기 전에 네 영혼을 알았다"라는 뜻으로, 네 영혼을 알았다고만 할 뿐 그 영혼이 불어넣어지는 시점에 대한 정보를 제공하고 있지 않다고 말이다.

더더욱 의아한 건 왜 군이 자충수를 두려는 지다. "네가 배에서 나오기 전에 너를 성별하였고 너를 여러 나라의 선지자로 세웠노라"라는 대목을 생각해보자. 이 대목이 수정란에 영혼이 들어온다는 입장에 도움이 되는가? "태중에서 나오기 전에"라고 말함으로써 수태 시점뿐 아니라 출생 직전에 영혼이 들어올 가능성도 열어 놓았다는 점에서, 위의 대목을 상기시킨 건 자충수임에 틀림없다.

흥미로운 점은 우리의 경우 개신교도(改新敎徒) 대다수가 인간 생명의 시작점 물음을 놓고 가톨릭과 입장을 같이 한다는 점이다.

> "하나님 형상대로 지음받은 태아에 대한 낙태 허용, 성경적 가치관에 위배돼 ⋯ 4월 11일 낙태죄 헌법 불합치 판결 직후, 이 원장[성산생명윤리연구소장 이명진 원장]은 당시 헌재 앞에서 "여성의 낙태할 권리를 침해했다는 건 허울 좋은 성적 자기결정권 아래 태아의 생명권을 살해하는 것"이라며 "결코 태아의 생명권보다 자기결정권이 우선할 수 없다"고 성토했다." (기독일보, 2019. 04. 23)

인간의 생명이 수태와 함께 시작된다는 것이 다름 아
닌 가톨릭의 입장이다. 그래서 성경에 기록된 내용이
라고 여기지만, 가톨릭 신학에 사상적 근간을 제공
한 토마스 아퀴나스의 생각은 달랐다. 성경을 꿰뚫
은 아퀴나스가 아리스토텔레스의 영향으로 수태 시
점을 외면했다는 사실이 인간 생명의 시작점에 대해
성경이 침묵하고 있다는 것을 웅변할 뿐 아니라, 지
금의 가톨릭 입장이 역사가 길지 않다는 증거이기도
하다. 르네상스 시대의 세밀화가 프라 안젤리코(Fra
Angelico)가 묘사한 아퀴나스의 표정에서 알 수 없는
결연함이 묻어난다.

태아의 생명권이 임신부의 자기결정권에 우선한다는 것이다. 하지만 두 권리 중 어떤 권리가 우선하는지의 문제는 차치하더라도 이 원장의 주장이 성립하기 위해서는 무엇보다도 태아에게 생명권이 있어야 한다. 이 원장은 창세기 1장 27절("하나님이 자기 형상 곧 하나님의 형상대로 사람을 창조하시되 남자와 여자를 창조하셨다")을 그 증거로 제시한다. 하지만 '1.3.'에서 설명될 바와 같이 위의 구절과 인간 생명의 시작점 사이에 직접적인 연결고리는 없다고 보아야 한다.

이 원장과 같은 생각의 기독교인으로서는 어떤 성경구절을 제시할 수 있는가? '한국누가회 문서출판부'에서 펴낸 책의 저자는 '예레미야서 1장 5절'뿐 아니라 '마태복음 1장 18절'도 언급한다.

"육신의 모습을 그대로 하고 오신 예수님의 경우를 살펴보자. 마태복음 1:18에서 '예수 그리스도의 나심은 이러하니 … 동거하기 전에 성령으로 잉태된 것으로 나타났더니'라는 말씀에서는 성령으로 잉태하였다는 것은 영혼과 육체가 같이 존재했다는 증명일 것이다."[3]

'마태복음 1장 18절'은 마리아가 요셉과 정혼하고 동거하기 전에 성령으로 예수님이 잉태되었다고 기록하고 있다. 마리아와 요셉으로부터 생겨난 육신(수정란, 배아, 태아)에 예수님의 영혼이 들어가지 않았다는, 즉 예수님은 처음부터 육신으로 오셨다는 뜻이다. 마리아와 요셉으로부터 생겨난 육신에 예수님의 영혼이 들어가지 않았으므로 예수님이 육신으로 오신 것은 당연하다고 해야 한다. 그런데 어떻게 그로부터 수태 시점에 영혼이 들어온다고 유추할 수 있다는 건지 도무지 모를 일이다.

그뿐만이 아니다. '한국누가회 문서출판부'에서 펴낸 책의 저자는 '누가복음 1장 31절'도 언급한다.

> "누가복음 1:31에서는 '보라 네가 수태하여 아들을 낳으리니 그 이름을 예수라 하라'고 하셨다. 즉 아들까지 결정하셨다. XX염색체가 아닌 XY 염색체를 결정하셨던 것이다. Y 염색체의 짧은 팔(Short arm)에 존재하는 고환결정인자(TDF: Testis Determining Factor)에 의하여 수정란은 남자로 태어난다."[4]

"보라 네가 수태하여 아들을 낳으리니 그 이름을 예수라 하라"는 말씀으로부터 예수님이 남자의 육신으로 오셨다는 것을 알 수 있다. 그런데 어떻게 그로부터 수정란에 영혼이 들어온다는 것을 유추할 수 있다는 건지 이해불가다.

필자도 신을 부정하지 않는다. 불가지론자(agnosticist)도 아니다. 따라서 수태와 함께 영혼이 들어온다는 것이 성경의 내용이라면 이 책을 쓰지 않았을 것이다. 하지만 어떤 이유에서인지 성경은 인간 생명의 기원만을 언급할 뿐 정작 그 시작점에 대해서는 침묵하며, 오히려 시편의 저자는 이렇게 말한다.

"정녕 당신께서는 제 속을 만드시고 제 어머니 배 속에서 저를 엮으셨습니다." (시편, 139: 13)

"제 어머니 배 속에서 저를 엮으셨다"는 것은 모태에서 내가 처음 존재했다는 뜻이다. 또한 '4장'에서 설명될 바와 같이 가톨릭에 의해 수용되고 있는 질료형상론(hylomorphism)에 따르면 내 영혼이 내 육신에 들어온 시점에 나는 처음 존재했다. 이렇듯 '시편 139장 13절' 역시 "제 어머니 배 속에서 저를 엮으셨다"고 말함으로써 ('예레미야서 1장 5절'과 마찬가지로) 수태 시점뿐 아니라 출생 직전에 영혼이 들어올 가능성도 열어 놓고 있다.

가톨릭교도와 수태 순간 영혼주입설을 수용하는 개신교도로서는 마땅히 수태 시점을 지목하는 성경구절을 찾아야 할 것이다. 하지만 애석하게도 그들로부터 설득력 있는 구절을 들어보지 못했다. 물론 필자가 놓친 구절이 있을 수 있다. 하지만 굳이

1991년 한 밀리언셀러 작가가 파더본대학 교수직을 박탈당하고, 이듬해엔 신부직에서도 파면당한다. 신학적 윤리관과 성서해석 문제로 바티칸 지도부와 마찰을 빚었기 때문이다. 이후로는 평신도 신분으로 내부로부터의 개혁에 힘썼으나, 65세 생일날 평생을 몸담았던 가톨릭과 결별하고 저술과 강연, 심리치료에 전념한다. 70여 권에 이르는 저서를 냈지만 수입은 가난한 사람들에게 돌리고 냉장고와 전화도 없이 채식을 고집하는 신학자 오이겐 드레버만(Eugen Drewermann) 이야기다. "교황은 여전히 콘돔 사용 금지, 낙태 금지, 인구팽창을 저지하기 위한 인위적 행위 금지 등을 외치고 있다"는 질문에 드레버만은 이렇게 답변한 바 있다. "어떻게 그런 말들을 할 수 있는지 이해할 수 없습니다. 그 배경에는 바티칸의 어떤 이성적 판단이 깔려 있을 거라 생각합니다. 교황의 발언에는 윤리적 내용뿐만 아니라, 교세 확장에 대한 이해도 같이 묻어 있다고 봅니다."[5] 인간의 생명이 수태와 함께 시작된다는 것이 성경의 내용이라면 드레버만이 교황의 발언을 놓고 교세확장을 위한 얄팍한 셈법이라는 의구심을 갖지 않았을 것이다.

다른 구절을 들추지 않은 이유는 수정란에 영혼을 불어넣는다는 것은 신의 속성과 얼개가 맞지 않기 때문이다. 그에 대한 설명은 4장으로 미루고자 한다.

1.3 성경이 침묵하는 문제에 대한 성경적 해법

인간 생명의 시작점에 대해 성경이 침묵하고 있다면 기독교인으로서 그에 대한 성경적 관점을 어떻게 파악해야 하는가? "성경 어디에도 교회를 세습하지 말라는 구절이 없다. 교회세습은 성경적으로 정당하다." 교회 세습을 옹호하는 사람들로부터 듣게 되는 말이다. 아주 틀린 말은 아니다. 실제로 성경에 교회세습에 대한 언급이 없기 때문이다. 그래서 교회세습이 성경적으로 정당한가?

술을 마시고 버스나 지하철을 탈 때는 껌을 씹는 것이 예의일 것이다. 하지만 단물이 빠져 그만 씹고 싶어도 마땅히 버릴 데가 없다는 것이 문제다. 그렇다고 옆 사람의 팔뚝에 붙일 수는 없는 일이다. 성경에 금지하는 구절이 없기에 교회세습이 성경적으로 정당하다고 해보자. 그렇다면 옆 사람 팔뚝에 껌을 붙이는 것도 성경적으로 정당해야 한다. 성경 어디에도 그러지 말란 구절이 없기 때문이다.

성경이 침묵하는 문제에 대한 성경적 해법은 무엇인가? 창세기 1장 27절은 "하느님께서는 이렇게 당신의 모습으로 사람을 창조하셨다"고 가르친다. 문제는 하나님의 형상이다. 그에 대한 해석이 분분했지만 가장 위대한 교부라 일컬어지는 성 어거스틴(St. Augustine, 354~430), 개신교 신학을 창출한 칼뱅(Jean Calvin, 1509~1564), 최초의 가톨릭 신학자 이레나이우스(Irenaeus, 125~202경) 그리고 가톨릭 신학의 사상적 지주인 아퀴나스는 이성에 주목해 신의 형상이란 영적 또는 이성적 본성이라는 기저 위에 나름의 해석을 내놓는다.

어거스틴, 아퀴나스 등이 그 의미를 완벽하게 해석해 냈는지를 논하자는 말이 아니다. 예컨대 하나님의 형상은 하나님의 모습을 의미한다는 '육신적 해석' 또는 이 세상에 대한 지배를 의미한다는 '기능적 해석'보다 그들의 해석을 높이 사야 하는지는 필자 능력 밖의 물음이다. 신이 우리에게 이성을 주셨다고 했으니, 교회세습이나 껌 문제처럼 인간 생명의 시작점 문제도 이성적으로 판단해보자는 얘기다.

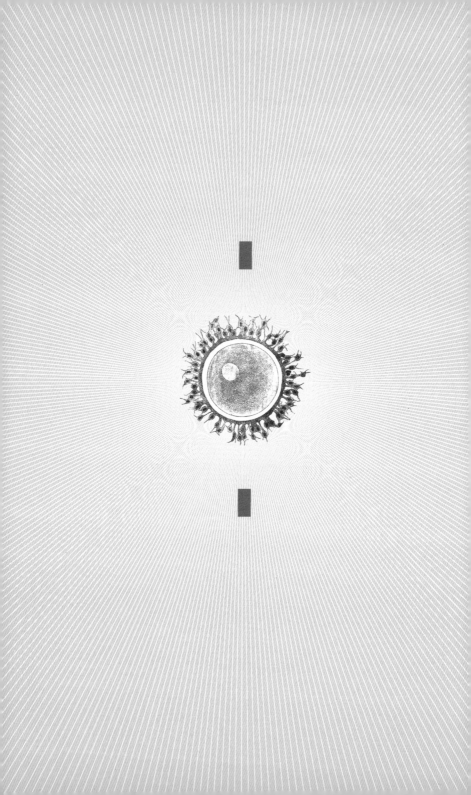

2   **보수주의자들의 주장:**
수정란은 성인과 연속선상에
있으므로 생명권을 가졌다

2.1 보수주의자들의 주장:
성인이 가진 생명권을 연속선상에 있는 수정란도 가졌다

필자가 오래전 지인 목회자와 나눴던 대화내용이다. 흡연이 성경적으로 죄악은 아니라는 말이 오갔고, 흡연을 죄악시한 한국교회의 전통은 구한말 선교사들의 사견에서 비롯됐다는 말도 오갔다. 그런 끝에 지인으로부터 재밌는 얘기를 듣게 된다. 죄악은 아니더라도 다음의 성경구절로 미루어 금지하는 것이 옳다는 것이었다. "여러분의 몸은 여러분 안에 계신 성령의 성전이라는 것을 알지 못합니까?" (고린도전서, 6: 19)

　건강을 해치므로 금지해야 한다는 말과 크게 다르지 않았다. 물론 동의했다. 하지만 반문하지 않을 수 없었다. 그런 이유에서라면 주일학교에서 아이들에게 과자를 주지 말아야 하는 것 아니냐고 말이다. (『SOS 과학 수사대: 과자의 습격을 막아라』라는 책이 나왔듯이 과자가 건강에 좋지만은 않다는 건 익히 알고 있는 사실이다.) 어떤 답변이 나올지 궁금했으나 답변은 의외로 싱거웠다. 그래도 담배만큼 해롭지는 않다는 것이었다.

담배 얘기는 여기서 그쳤지만 "담배를 경계로 더 해로운 것은 금지해야 하고 덜 해로운 것은 용인해야 한다"고 덧붙였다면 동의하지 않았을 것이다. 담배보다 아주 조금 덜 나쁜 것은 용인하고 아주 조금 더 나쁜 것을 금지해야 할 논거를 찾는 것이 가능하지 않기 때문이다. 인간 생명의 시작점에 대한 물음을 놓고 가톨릭을 위시한 보수주의자들이 바로 이 상식에 의존한 답변을 내놓는다.

"낙태는 찬성하지만 갓 태어난 신생아는 죽이지 않겠다는 사람에게 묻는다. '태어나기 1분 전의 태아는 죽이겠는가? 그보다 1분 전의 태아는 어떠한가?' 무슨 말을 하려는지 짐작했을 것이다. 1분 전에는 가치 없는 생명이었지만 1분 후에는 소중한 생명이 된 그 1분이 존재할 수 있는가?"[6]

"출생 후 5분이 지난 시점에 우리 앞에 어떤 대상이 있는가? 조그만 아기다. 출생 5분 전에는 어떤 대상이 있었는가? 출생 5분 된 아기가 될 같은 아기가 있었다. 이렇게 한 시간, 하루, 며칠, 몇 주일을 거슬러 올라가면 어떤 대상이 있었는가? 조그만 아기다. 시종일관 조그만 아기다."[7]

"신생아에서 수정란까지 한 단계씩 거슬러 올라가보면 매 단계 사이에 이전 단계는 대량학살을 허용하고 다음 단계는 단호히 불허하는 도덕적 부담을 감내할 만한 어떤 차이도 없다는 것을 알게 될 것이다."[8]

보수주의자들이 입버릇처럼 "수정란과 신생아는 연속선상에 있다"고 주장하는 이유이다. "수정 이후는 생명이 자라나는 연속적인 과정일 뿐이고, 수정란은 오로지 사람으로 태어난다. 수정란, 배아, 태아는 각각 완전한 존재, 작아도 '인간 생명'이다." (가톨릭신문, 2017, 03. 26) ('3장'에서 설명될 바와 같이 '사람[person]'과 '인간[human]'을 혼용하는 건 바람직하지 않다. 여기서는 생명권의 주체라는 의미로 '사람'이라는 표현을 쓰기로 하자.)

20세 청년이 사람임을(20세 청년에게 생명권이 있다는 것을) 부정할 수 없다. 20세 청년이 1초 상관으로 갑자기 사람이 됐을 리 없다는 것도 인정해야 한다. 이렇듯 20세 청년이 사람이라면 1초

전에도 사람이었으며, 1초 전에 사람이었다면 2초 전에도 사람이었고, 마찬가지로 3초 전에도, 4초 전에도 … 그리고 20년 9개월 전 0.1mm 크기의 단세포 수정란 시점에도 사람이었다는 것이 '미끄러운 경사길 논변(slippery slope argument)'이라 불리는 보수주의자들의 주장이다.

미끄러운 경사길 논변
20세 청년은 사람이다.
20세 청년이 사람이라면, 연속선상에 있는 수정란도 사람이다.
그러므로
수정란은 사람이다.

수정란과 20세 청년은 1초 상관으로 연속선상에 있다. 따라서 그들 사이의 어떤 시점을 사람이 되는 시점으로 꼽아도 임의적인 시점일 수밖에 없다는 데 동의한다. 즉, 보수주의자들이 진리로 여기듯이 1초를 상관으로 사람이 될 수 없다는 것은 상식일 수 있다. 하지만 문제는 그 상식 이면에 도사리고 있는 함정이다.

2.2 반론: 100℃ 물과 연속선상에 있는
0℃의 물은 끓지 않는다

미끄러운 경사길 논변이 설득력을 가진다면 착상 시점, 심장이
박동을 시작하는 시점, 뇌파가 발생하는 시점, 고통을 느낄 수 있
는 시점, 태동 시점, 자궁 밖에서 생존할 수 있는 시점 등 그 어떤
시점도 사람이 되는 시점일 수 없다. 하지만 20세 청년과 수정란
사이의 경사길이 그토록 미끄러운지 의문이다. 미끄러운 경사길
논변을 다음과 같이 재구성해보자.

'$C0$ = 20세 철수는 사람이다, $C-1$ = 20세 철수는 1초 전에
사람이었다, ⋯ $C-654048000$ = 20세 철수는 654048000초
전에 사람이었다'라고 했을 때,

$C0$이다.
$C0$이라면, $C-1$이다.
그러므로
$C-1$이다.
$C-1$이라면, $C-2$다.
그러므로
$C-2$다.

⋮

그러므로

C-654047999다.

C-654047999라면, C-654048000이다.

그러므로

C-654048000이다.

　　이렇듯 20세 칠수가 사람이므로 654048000초 전에도, 즉 20년 9개월 전인 단세포 수정란이었을 때도 사람이었다는 것이 미끄러운 경사길 논변이다. 하지만 뭔가 잘 못 됐음에 틀림없다. 영화 '싸운드 오브 뮤직'의 캡틴 조지역으로 열연했던 올해 90세를 맞은 플러머(Christopher Plummer)를 생각해보자.

　　'P0 = 90세 플러머는 노인이다. P-1 = 90세 플러머는 1초 전에 노인이었다. P-2 = 90세 플러머는 2초 전에 노인이었다. … P-2838240000 = 90세 플러머는 2838240000초 전에 노인이었다'라고 했을 때,

　　P0이다.

　　P0이라면, P-1이다.

그러므로

P-1이다.

P-1이라면, P-2다.

그러므로

P-2다.

⋮

그러므로

P-2838239999이다.

P-2838239999라면, P-2838240000이다.

그러므로

P-2838240000이다.

이렇듯 미끄러운 경사길 논변 옹호론자들의 주장대로라면 플러머는 2838240000초 전에도, 즉 태어날 때부터 노인이었어야 한다. 정말로 그랬는가? 그래서 신생아 때부터 경노당에 갈 자격이 있었는가?

치매환자를 생각해봐도 엉뚱하기는 매한가지다. 치매환자들이 갑자기 기억력과 판단력이 떨어진 것은 아니다. 뇌 기능이 점차적으로 약화돼 지금의 상태까지 온 것이므로, 미끄러운 경사길 논변 옹호론자들은 72만 명에 달하는 치매환자를 일반인으로 간주해 검진, 치료, 요양 등의 혜택을 주지 말아야 한다고 주장해야 한다.

미끄러운 경사길 논변은 오류임에 틀림없다. 양극단을 이룬 두 대상이 미세한 차이로 연속된다면 그들 사이에 실질적인 차이가 없다는 것이 미끄러운 경사길 논변의 골자이다. 따라서 그를 다음과 같이 정리해보면 오류의 실체가 드러난다.

미끄러운 경사길 논변

양극단을 이룬 두 대상이 미세한 차이로 연속된다면, 그들 사이에 실질적인 차이가 없다.

양극단을 이룬 20세 청년과 수정란은 미세한 차이로 연속된다.

20세 청년은 사람이다.

그러므로

수정란은 사람이다.

위의 주장이 설득력을 갖기 위해서는 양극단을 이룬 두 대상이 미세한 차이로 연속된다면 그들 사이에 실질적인 차이가 없어야 한다. 흰색과 검정색이라는 양극단을 이룬 두 색은 미세한 차이로 연속된다. 그래서 검정색이 빛을 흡수하듯 흰색도 빛을 흡수하는가? 100°C의 물과 0°C의 물도 미세한 차이로 연속된다. 100°C의 물이 끓으므로 0°C의 물도 끓는가? 흰색과 검정색 그리고 100°C의 물과 0°C의 물은 미세한 차이로 연속되지만 미끄러운 경사길 논변 옹호론자들의 생각과 달리 그들을 양극단으로서 인식할 수 있다.

검정색과 흰색이 미세한 차이로 연속된다는 이유로 흰색도 빛을 흡수한다는 것이 오류인 것처럼 그리고 100°C의 물과 0°C의 물이 미세한 차이로 연속된다는 이유로 0°C의 물도 끓는다

연속체 오류는 (낙타 등에 지푸라기를 계속 올려 놓으면 마지막 하나 때문에 등이 부러진다는 아랍 속담에서 유래된) '낙타 등 오류(camel's back fallacy)'로도 불리며, '수염 오류(fallacy of the beard)', '대머리 오류(bald man fallacy)' 등 여러 이름으로 불린다.

는 것이 오류인 것처럼, 20세 청년과 수정란이 미세한 차이로 연속된다는 이유로 수정란도 사람이라는 것 역시 오류이다. 이와 같은 오류를 '연속체 오류(fallacy of the continuum)'라고 부른다.

사춘기를 맞은 철수의 얼굴에 화색이 돌았다. 턱에 털이 하나가 나 있었기 때문이다. 친구들에게 수염이 났다고 자랑을 했지만 반응은 냉담했다. 수염이 아니라 털이라는 것이었다. 하지만 채 하루가 지나기도 전에 실망이 희망으로 바뀐다. 아침에 일어나보니 어느새 털 하나가 또 나 있었기 때문이다. 하지만 친구들의 반응은 여전히 냉담했다. 털 하나가 수염을 만들지 못한다는 것이었다. 매일 낙담하는 일이 반복됐고 1년이 지나 결국 털이 365개나 되었지만 친구들은 여전히 털 하나가 수염이 되는 구분점을 만들지 못한다는 이유로 수염이 아니라는 입장을 굽히지 않는다.

털이 365개라면 수염임에 틀림없다. 다시 말해 철수 친구들의 주장은 오류이며, 그들이 범한 오류는 미세한 차이의 중요성을 간과한 수염의 오류, 즉 연속체 오류이다. 그렇다면 철수의 턱에 난 털들이 언제 수염이 됐는가? 그 시점을 정확히 지목할 수는 없지만 털이 하나씩 모여 경계구역을 형성했고, 그 경계구역을 거치며 수염이 됐다는 해석이 설득력을 갖는다. 수정란도 마찬가지다. 수정란은 1초 단위로 성장해 20세 청년이 됐다. 하지

영화 '덤 앤 더머'에 이런 대사가 나왔다면 제격이지 않았을까?

제프 대니얼스: 친구야, 난 정말 천재야.

　　심심해서 머리카락을 뽑다가 위대한 발견을 했거든.

짐 케리: 뭔데 친구야?

제프 대니얼스: 나는 절대로 대머리가 될 수 없어.

　　머리카락 하나 뽑았어도 대머리는 아니지?

짐 케리: 물론이지, 친구야.

제프 대니얼스: 하나 더 뽑으면? 그래도 대머리 아니지?

짐 케리: 물론이지, 친구야.

제프 대니얼스: 그러니까 하나씩 계속 뽑아도 나는 대머리가 안되잖아.

짐 케리: 부럽다, 친구야.

성인 또는 신생아와 연속선상에 있다는 이유로 수정란이 사람이라고 주장하는 사람을 보게 되면 발모제를 권해도 좋다.

만 그래서 20세 청년과 수정란 사이에 실질적인 차이가 없다는 해석보다는 1초가 모여 경계구역을 형성했고 그 구역을 거치며 다른 대상(사람)이 됐다는 해석이 설득력을 갖는다.[9]

2.3 보수주의자들의 답변:
생명권은 온도와 다른 성격의 속성이다

100°C의 물과 0°C의 물이 미세한 차이로 연속되므로 0°C의 물이 끓는다는 것은 오류이며, 검정색과 흰색이 미세한 차이로 연속되므로 흰색이 빛을 흡수한다는 것도 오류이다. 마찬가지로 20세 청년과 미세한 차이로 연속되므로 수정란이 사람이라는 것 역시 오류라는 것이 지금까지의 반론이었다.

　미끄러운 경사길 논변 옹호론자로서 어떤 답변이 가능한가? 0°C의 물이 끓지 않는다는 것은 부정할 수 없는 사실이다. 따라서 온도나 색깔과 생명권의 차이점을 부각시키는 것이 그들이 취할 수 있는 유일한 선택지일 것이다. (20세 청년이 사람이라는 것은 20세 청년에게 생명권이 있다는 뜻이다.) 어떤 차이점에 주목해야 하는가?

　100°C의 물은 점차적으로 차가워져 0°C의 물이 됐으며, 검정색도 점차적으로 옅어져 흰색이 됐다. 이렇듯 온도나 색깔은

뜨겁거나 짙은 정도에 차이가 날 수 있는 속성이다. 하지만 생명
권은 다르다. 부자와 가난한 사람, 남녀노소를 가리지 않고 누구
의 생명권이던 무게가 다를 수 없다는 것이 생명권에 대한 해석
이다. 즉, 생명권은 가진 정도에 차이가 날 수 없는, 가졌거나 갖
지 못했거나 둘 중의 하나인 범주속성(categorical property)이다.
따라서 정도에 차이가 나는 온도나 색깔을 들어 범주속성인 생
명권을 부정할 수 없다는 것이 미끄러운 경사길 논변 옹호론자
로서 내릴 수 있는 유일한 답변일 것이다.

　　철학자 부닌(David Boonin)의 경우 낙태 찬성론자임에도 위
의 답변을 긍정적으로 평가한다.[10] 생명권이 범주속성이라는 데
동의한다. 즉, 수정란의 생명보다 착상된 배아의 생명이 가치가
크므로 수정란의 생명권보다 착상된 배아의 생명권이 더 크다는,
착상된 배아의 생명보다 심장박동을 시작한 배아의 생명이 가치
가 크므로 착상된 배아의 생명권보다 심장박동을 시작한 배아의
생명권이 더 크다는 등의 해석에 동의하지 않는다. 하지만 그렇
기에 온도나 색깔을 들어서는 수정란의 생명권을 부정할 수 없
다는 그의 주장이 설득력을 가질 수 있을지는 의문이다.

2.4 재반론: 시야가 좁아 제 앞만 살피는
서목촌광(鼠目寸光) 격 안목이다

생명권은 범주속성 맞다. 그래서 정도에 차이를 보이는 속성을 들어 미끄러운 경사길 논변을 부정할 수 없는가? 수정이 과정 (process)이라는 사실을 상기하면 범주속성 답변이 성립하기 어려운 이유를 알 수 있다. ('3장'에서 설명될 바와 같이 수정은 24시간에 걸쳐 진행되는 과정이다.)

생명권이 범주속성이라는 데 의존해 연속체 오류 반론으로부터 미끄러운 경사길 논변을 지켜내기 위해서는 수정이 시작되는 시점과 완성되는 시점 사이에 생명권을 가진 정도에 차이가 난다는 해석의 여지를 차단해야 한다. 즉, 범주속성 답변이 성립하기 위해서는 24시간에 걸쳐 진행되는 과정 중 어느 특정 시점에 생명권을 가져야 한다. 그 시점이 어떤 시점인가?

보수주의자로서는 수정이 완성되는 시점, 즉 정자와 난자의 핵이 융합되어 46개의 인간 염색체를 획득하는 시점을 지목하는 것이 최선책일 수 있다. 위의 시점 이외의 시점을 지목하는 것은, 예컨대 정자가 난자의 투명막을 뚫고 들어가는 등의 시점은 지목하는 것은 쉬운 길을 놔두고 굳이 지뢰밭을 택하는 것과 다르지 않기 때문이다.

물론 다음 장에서 설명될 바와 같이 46개의 염색체를 획득했다는 사실이 생명권을 획득했다는 것을 의미하지 않는다. 그 이유에 대한 설명은 다음 장으로 미루고 여기서는 46개의 염색체가 생명권을 부여한다고 해보자. 생명권이 범주속성임을 들어 미끄러운 경사길 논변을 옹호하면서 46개의 염색체를 획득하는 시점을 지목하는 것이 어떤 의미인가? 이는 미끄러운 경사길 논변만으로는 수정란의 생명권을 입증할 수 없다는 것을 자인하는 것과 다르지 않으며, 보다 정확히는 관건은 46개의 염색체이고 미끄러운 경사길 논변이 사족임을 자인하는 것과 다르지 않다. 바꿔 말하면 46개의 염색체에 의존해 수정란의 생명권을 주장하는 보수주의자의 입장에서는 미끄러운 경사길 논변 도움 없이 위의 입장을 취할 수 있으며, 따라서 그에게 미끄러운 경사길 논변은 사족일 수밖에 없다.

문제는 여기서 그치지 않는다. 생명권은 범주속성이므로 미끄러운 경사길 논변이 연속체 오류 반론으로부터 벗어날 수 있다는 것은 범주속성을 놓고는 양극단을 이룬 두 대상이 미세한 차이로 연속된다면 그들 사이에 실질적인 차이가 없다고 보는 것이 오류가 아닌 반면, 정도에 차이를 보이는 속성을 놓고는 그렇게 보는 것이 오류라는 말과 다르지 않다. 하지만 선거권을 생각해보자. 이 역시 범주속성이다. 그래서 다음과 같이 주장한다면 수긍하겠는가?

"딸아이가 만 19세가 된 오늘 0시 0분 0초에야 비로소 선거권을 부여받았습니다. 하지만 뭔가 잘못된 게 분명합니다. 1초 전인 어제 23시 59초 때와 비교할 때 판단력이나 정치적 식견 면에서 차이가 없기 때문입니다. 물론 1초 전일 때와 2초 전일 때도 차이가 없었지요. 2초 전일 때와 3초 전일 때도 차이가 없었고, 3초 전일 때와 4초 전일 때도 차이가 없었습니다. 마찬가지로 4766초 전일 때도 차이가 없었으며 그 1초 전인 4767초전일 때도 차이가 없었고, … 630719999초 전일 때도 차이가 없었으며 그 1초 전인 630720000초 전일 때도, 즉 갓 태어났을 때도 차이가 없었습니다. 만 19세에 선거권을 부여할 것이 아니라 태어날 때부터 부여했어야 했습니다."

범주속성 답변이 설득력을 갖는다면 선거권을 놓고도 양극단을 이룬 두 대상이 미세한 차이로 연속된다면 그들 사이에 실질적인 차이가 없다는 것도 오류가 아니라고 보아야 한다. 따라서 태어날 때부터 선거권을 부여해야 하는가? 범주속성 답변은 시야가 좁아 눈앞만 살핀(생명권만을 염두에 둔) 서목촌광(鼠目寸光)격 안목에 기인한 것으로 보아야 한다.

3 보수주의자들의 주장:
수정란은 인간의 유전자를 가졌기에
생명권을 가졌다

3.1 낙태에 대한 보수주의 입장: 수정란부터 인간이고,
따라서 낙태는 시점을 불문하고 살인이다

"부녀자를 연쇄살인한 혐의로 사형이 확정돼 복역 중이던 정남규(40)가 21일 오전 6시35분 수감중이던 서울구치소에서 자살을 기도, 병원으로 옮겨졌으나 22일 오전 2시40분 숨졌다. … 정은 2004년 1월부터 2년여간 미성년자 2명을 성추행한 뒤 살해하고 길가던 20대 여성을 흉기로 찔러 살해하는 등 총 25건의 강도상해 및 살인 행각을 벌여 13명을 살해하고 20명에게 중상을 입힌 혐의로 2007년 4월 사형이 확정됐다." (연합뉴스, 2009. 11. 22)

흉악범 뉴스를 접할 때마다 정의가 제대로 구현되고 있는 건지 의문을 갖지 않을 수 없다. 피해 당사자나 가족이 원할 경우 함무라비 법전의 동해보복법(lex talionis)을 직접 집행하도록 해야 하는 것은 아닌가? 그러는 것이 응보정의에 부합한다는 생각을 지울 수 없다. 하지만 심지어 정남규와 같은 자를 피해 당사자나 가족이 직접 처단해도 현행법은 살인으로 간주하며, 그 이유는 다음의 도덕규칙이 살인행위처벌에 관한 법률의 근간을 이루기 때문이다.

규칙 1
어떠한 경우에도 무고한 인간의 생명을 해치지 말라.

여기서의 무고함이란 정당방위와 관련된 무고함이다. 즉, 정당방위가 아니라면 무고한 인간의 생명을 해치지 말아야 한다는 뜻으로, 정남규와 같은 자를 직접 처단해도 위의 규칙에 위배되는 이유는 생명이 위협당하는 상황에서 처단하는 것이 아니기 때문이다.

하지만 위의 규칙이 도덕규칙으로서의 생명력을 가질 수 없다는 것이 문제다. 다음의 경우를 생각해보자. 출산을 돕던 산부인과 의사에게 우려했던 상황이 발생했다. 태아의 머리가 산도

(産道)에 끼인 것이다. 태아를 제거하지 않으면 임신부도 숨질 수밖에 없지만, 머리를 부수는 것 이외에는 달리 제거할 방도가 없다. 반면 임신부가 숨지기를 기다려 복부를 절개하면 태아를 살릴 수 있다.

이른바 '쇄두술(碎頭術)' 예로서, 지금은 의술이 발달해 둘 모두를 살릴 수 있지만 과거에는 한 명을 희생시킬 수밖에 없었다. 과거로 돌아가 이와 같은 상황이 발생했다고 해보자. 따라서 다음의 세 선택지 중 하나를 택할 수밖에 없다고 해보자.

첫째, 태아의 머리를 부수고 임신부를 살린다.
둘째, 임신부가 숨지기를 기다려 태아를 살린다.
셋째, 둘 모두가 숨지는 모습을 손 놓고 지켜본다.

'규칙 1'이 살인행위처벌에 관한 법률의 근간을 이룬다면 의사로서는 난감한 일이 아닐 수 없다. 첫째 선택지를 택하면 태아의 생명을 해치게 되며, 둘째 선택지를 택하면 임신부의 생명을 해치게 되고, 셋째 선택지를 택하면 둘 중 하나의 생명을 해치게 된다. (셋째 선택지를 택하지 않았다면 둘 중 하나는 살 수 있었다.) 이렇듯 의사의 입장에서는 어떤 선택을 해도 '규칙 1'을 어길 수밖에 없다. 그런데도 '규칙 1'을 어긴 데 대해 책임을 묻는다는 것은 어불성설이며,[11] 따라서 '규칙 1'에 어떤 식으로든 제한이 가해져야 한다.

여기가 아퀴나스에서 연원한 이중결과원리(principle of double effect)에 주목해야 하는 대목이다. 친구의 애인에게 마음을 빼앗겼다면 데이트신청을 해야 하는가? 끼니를 걸러서라도 난치병아동돕기 성금을 기탁해야 하는가? 이들 행위뿐 아니라 낙태나 안락사 등 도덕적 판단이 서지 않는 모든 행위는 그들 행위가 좋고 나쁜 두 가지 결과를 동시에 초래하기 때문이다. (좋은 결과나 나쁜 결과만을 초래하는 행위를 두고 고민하는 것은 비이성적이다.)

공격자를 살해할 의도가 없다면 정당방위로서의 살인은 허용될 수 있다고 아퀴나스가 말했듯이, 이중결과원리에 따르면, 좋고 나쁜 두 결과를 동시에 초래하는 행위도 나쁜 결과를 의도하지 않는다면 허용될 수 있다. 이제 이중결과원리를 따라 '규칙 1'을 다음과 같이 이해해보자.

규칙 2
어떠한 경우에도 무고한 인간의 생명을 의도적으로 해치지 말라.

무고한 인간의 생명을 '의도적으로' 해지지 말라고 했으므로

DVO COPIOSISSIMI
INDICES
Diu multumque haĉtenus ab omnibus defiderati
SVMMÆ THEOLOGICÆ
DIVI THOMAE AQVINATIS.

NVNC DENVO CORRECTIORES,
ac maxima diligentia in fingulis fuis partibus locupletati dantur ,
vt pagina rverfa demonftrat .

IN QVORVM CALCE COLLOCATVS
eft Catalogus authorum & librorum omnium , quos
D. THOMAS per totum opus citat .

VENETIIS, MD XCVI.
Apud Iuntas.

아퀴나스에서 연원한 이중결과원리는 가톨릭 도덕신학자들 사이에 회자되어 19세기 중엽 제수이트 도덕신학자 규리(Jean-Pierre Gury)에 의해 체계화되며, 이후 신학자 맹건(Joseph Mangan)에 의해 재구성된 다음의 버전이 정론으로 인정되고 있다. "좋고 나쁜 두 결과를 초래하는 행위는 다음의 네 조건 모두를 충족시킬 경우에만 허용될 수 있다. 첫째, 행위 자체가 선하거나 적어도 도덕적으로 중립적이어야 한다. 둘째, 행위자의 의도가 좋은 결과에 있어야 한다. 셋째, 나쁜 결과를 수단으로 좋은 결과를 얻지 말아야 한다. 넷째, 나쁜 결과를 허용할 만큼의 비례적으로 중대한 이유가 있어야 한다."[12] 이들 네 조건 모두를 충족시키면 허용될 수 있다는 것은 한마디로 좋고 나쁜 두 결과를 동시에 초래하는 행위도 나쁜 결과를 의도하지 않는다면 허용될 수 있다는 의미로 정리될 수 있다. 그 이유는 필자의 『형사법과 살해의도』 2장을 참조하기 바란다. 사진은 이중결과원리의 모태가 된 아퀴나스의 신학대전(Summa Theologica) 1596년판 표지이다.

문제는 해결됐다. 태아의 머리를 부수는 것이 태아의 생명을 의도적으로 해치는 것이 아니라면 첫째 선택지를 택해도 '규칙 2'에 위배되지 않고, 임신부를 죽게 방치하는 것이 임신부의 생명을 의도적으로 해치는 것이 아니라면 둘째 선택지를 택해도 '규칙 2'에 위배되지 않으며, 태아와 임신부가 숨지는 모습을 지켜보는 것이 그들의 생명을 의도적으로 해치는 것이 아니라면 셋째 선택지를 택하는 것 역시 '규칙 2'에 위배되지 않기 때문이다.

현행 살인행위처벌에 관한 법률이 피해자의 생명을 의도적으로 해친 경우에만 살인죄를 묻는 것도 '규칙 2'가 그 기저를 이루고 있기 때문이며, 영미 형사법이 의도적인 살인(murder)과 비의도적인 살인(manslaughter)을 구분해 전자를 엄하게 처벌하는 것도 같은 이유에서다. 이제 낙태에 대한 보수주의자들의 전반적인 입장을 파악할 수 있다.

보수주의 논변

무고한 인간의 생명을 의도적으로 해치는 행위는 그르다.
수정란(배아, 태아)은 무고한 인간이다.
 그러므로
수정란(배아, 태아)의 생명을 의도적으로 해치지 행위는 그르다.

보수주의 논변을 부정하고자 한다면 어디를 공략해야 하는가? 결과주의(consequentialism)가 옳다고 해보자. 따라서 행위의 옳고 그름이 결과에 달렸다면 '어떠한 경우에도 무고한 인간의 생명을 의도적으로 해치지 말아야 한다'는 도덕규칙은 존재하지 않는다. 무고한 인간의 생명을 의도적으로라도 해쳐야 최선을 결과를 초래할 수 있다면 그러는 것이 오히려 도덕적 의무이기 때문이다.

　하지만 결과주의로 위의 규칙을 부정하는 것이 실천적인 의의를 갖기는 어렵다고 보아야 한다. 규칙 2가 현행 살인행위처벌에 관한 법률의 근간을 이루고 있으므로, 결과주의로 위의 규칙을 대체하면 현행 살인행위처벌에 관한 법률을 폐기하고 완전히 새 판을 짜야 하기 때문이다. 현행 살인행위처벌에 관한 법률을 유지하고 이 책의 주제인 수정란에 초점을 맞춰 보수주의 논변을 부정하고자 한다면 어떤 방법을 택해야 하는가?

　사후피임약을 복용하는 것이 수정란 또는 배아의 생명을 의도적으로 해치는 것이 아니라면 현행 살인행위처벌에 관한 법률의 근간을 흔들지 않고도 보수주의 논변을 부정할 수 있다. 그들의 생명을 의도적으로 해치는 것이 아님을 보여주기 위해서는 그들의 죽음이 (의도된) '수단'이 아닌 (의도되지 않은) '부수적인 결과'임을 밝혀야 하며, 그러기 위해서는 의도한다는 것의 필요충

분조건을 제시하는 것이 정석이다.[13]

하지만 그 과정이 험로일 뿐 아니라, 무사히 필요충분조건을 제시했다고 해도 사후피임약을 복용하는 것이 수정란의 생명을 의도적으로 해치는 것이 아니라는 답변을 얻을 수 있어야 한다. 의도한다는 것의 필요충분조건을 제시하는 험로를 택하는 대신 보수주의 논변을 부정할 수 있는 손쉬운 방법을 찾아야 한다면 어떤 방법이 있을 수 있는가?

3.2 반론: 다의어(多義語) 사용에 의한 오류이다

보수주의 논변을 평가하기에 앞서 이해를 돕는 차원에서 간단한 상식 하나를 소개하고자 한다. '논증'이란 용어가 일상에 자리 잡은지 오래다. 논증(논변)은 한마디로 '전제와 결론으로 이루어진 일련의 진술'로 정의될 수 있다. 믿고 있는 바를 설득력 있게 주장하기 위해서는 반드시 논증을 거쳐야 하며, 그러기 위해서는 연역논증(deductive argument)과 귀납논증(inductive argument) 중 하나를 택해야 한다. 예컨대 어떤 책을 읽고 저자의 주장에 이성적으로 설득됐다면 그 이유는 저자가 이들 두 논증 중 하나를 구사했기 때문이다.

귀납논증이란 전제 모두가 참이라도 결론이 개연적으로

(probably) 참인 논증을 말한다. 연아가 다음과 같이 주장했다고 해보자. "우리 식구는 걸핏하면 펄펄뛰면 괴성을 질러댄다. 따라서 모든 사람들이 걸핏하면 펄펄뛰며 괴성을 질러댄다." 귀납논증의 한 예로서, 이와 같이 결론이 참일 개연성이 떨어지는 귀납논증을 약한 논증(weak argument)이라 부른다. ('강함'과 '약함'은 귀납논증의 속성이다.)

한편 연민이는 이렇게 주장했다고 해보자. "우리 식구뿐 아니라 이웃도 걸핏하면 펄펄뛰며 괴성을 질러댄다. 따라서 우리동네 사람들 모두 걸핏하면 펄펄뛰면 괴성을 질러댄다." 이 역시 결론이 참일 개연성이 떨어지는 약한 귀납논증이지만, 연아의 논증보다는 결론이 참일 개연성이 크며, 따라서 연아의 논증보다 강한 논증으로 평가할 수 있다.

하지만 보수주의 논변은 위의 논증들과는 성격을 달리한다. 즉, '무고한 인간의 생명을 의도적으로 해치지 행위는 그르다'는 전제와 '수정란(배아, 태아)은 무고한 인간이다'는 전제가 참이라면, '수정란(배아, 태아)의 생명을 의도적으로 해치지 행위는 그르다'는 결론은 필연적으로(necessarily) 참이다. 이와 같이 전제 모두가 참이라면 결론이 필연적으로 참인 논증을, 즉 전제 모두를 긍정하고 결론을 부정하는 것이 모순인 논증을 타당한 논증(valid argument)이라 부른다. ('타당함'은 연역논증의 속성이다.)

타당한 논증 = 전제 모두가 참이라면 결론이 필연적으로 참인 논증

중국의 광동지방에서는 의자 빼고 네 발 달린 것은 다 먹는다고 한다. 이 말을 듣고 광동지방 사람이 자존심 차원에서 다음과 같이 주장했다고 해보자.

광동지방에서는 네 발 달린 것은 다 먹는다.
의자에 네 발이 달렸다.
그러므로
광동지방에서는 의자도 먹는다.

위의 논증은 타당하다. 즉, 두 전제 모두 참이라면 결론은 필연적으로 참이다. 하지만 위의 논증이 설득력을 갖지 못하는 이유는 전제들 중 적어도 하나는 참이 아니기 때문이다. 이렇듯 타당해야 한다는 조건은 충족시켰지만 전제 모두가 참이라야 한다는 조건을 충족시키지 못한 연역논증을 (온전하지 않은 논증이라는 의미로) 건전하지 않은 논증(unsound argument)이라고 부른다.

반면 어떤 논증이 타당하기도 하고 전제 모두가 참이라고 해보자. 그렇다면 그 논증은 필요한 것이 모두 갖춰져 모자람이

나 흠결이 없는 논증이다. 그와 같은 논증을 온전하다는 의미로 건전한 논증(sound argument)이라고 부른다. ('타당성[validity]'과 '온전성[soundness]'은 연역논증의 속성이다.)

건전한 논증 = 타당하고 전제 모두가 참인 논증

연역논증이 설득력을 갖기 위해서는 건전해야(타당하고 전제 모두가 참이라야) 한다는 것을 알았다. 이제 보수주의 논변을 들여다보자.

a. 무고한 인간의 생명을 의도적으로 해치지 행위는 그르다.
b. 수정란(배아, 태아)은 무고한 인간이다.
   그러므로
c. 수정란(배아, 태아)의 생명을 의도적으로 해치지 행위는 그르다.

위의 논변은 연역논증이다. 따라서 건전(sound)해야 설득력을 가질 수 있다. 바꿔 말하면 위의 논변을 부정하고자 한다면 타당하지 않다는 것을 보여주거나 전제들 중 적어도 하나는 거짓임을 보여줘야 한다.

낙태 반대론자들이 위의 논변을 내놓았다는 것은 타당하다
는 확신이 섰기 때문이다. 외형적으로는 타당한 논증임에 틀림없
다. 즉, 'a'와 'b'를 긍정하고 결론인 'c'를 부정하는 것은 누가 봐
도 모순처럼 보인다. 하지만 그 이면을 들여다보면 구멍을 확인
할 수 있다.

20세기 중반 생명의료윤리학의 태동과 함께 생명윤리학자
들 사이에 '자의식(그리고 다른 정신능력들)을 가졌다'는 것이 '사
람이다'는 것의 필요충분조건이라는 공감대가 형성되며, 페미
니스트 철학자 워렌(Mary Warren)을 필두로 인간의 유전자를 가
졌는지에 무관하게 자의식 등의 정신능력을 가진 대상을 사람
(person)으로 분류해야 한다는, 그리고 정신능력을 갖지는 못했
지만 인간의 유전자를 가진 대상을 인간(human being)으로 분류
해야 한다는 주장이 본격적으로 제기된다.[14]

X는 인간이다. = X는 유전적 의미의 인간이다. = X는 호모
사피엔스의 일원이다.
X는 사람이다. = X는 도덕적 의미의 인간이다. = X는 권리
주체가 구성원인 도덕공동체의 일원이다.[15]

엥겔하르트(Tristam Engelhardt), 리자(John Lizza) 등의 철학자

가 태아나 깊은 의식불명의 환자 등 인지능력이 없는 대상을 사람이 아닌 인간으로 분류한 이유이며,[16] 동물권 논쟁에 참여하고 있는 철학자들이 동물을 놓고 사람일 가능성을 열어 놓는 이유이기도 하다.

로마 후기의 철학자이자 신학자였던 보에티우스(Boethius, 470년경~524)는 사람(인격, persona)을 이성적 본성의 개체적 실체(Persona est rationalis naturae individua substantia[17])로 정의했다. 보에티우스가 사람을 처음 철학적으로 정의한 이래 사람에 대한 정의는 존재론적 본성에 초점이 맞춰진다. 하지만 17세기에 들어 영국의 철학자 로크(John Locke, 1632~1704)로 인해 전환점을 맞으며, 지금의 사람에 대한 논의는 존재론적 본성이 아닌 정신능력에 초점을 맞춘 로크에서 연원한다.[18] 근대철학을 창시한 데카르트(René Descartes, 1596~1650)가 "나는 생각한다, 고로 존재한다"고 했다면 "나는 생각한다, 고로 사람이다"는 것이 로크 이래 많은 철학자들의 생각이다. 1385년에 그려진 왼쪽 그림에서 보에티우스가 제자들을 가르치고 있으며, 오른쪽 그림은 초상화가 넬러(Godfrey Kneller)가 그린 로크의 모습이다.

이제 보수주의 논변의 타당성에 의문을 제기해야 하는 이유를 알 수 있다. 'a', 'b' 두 전제에서 다음과 같이 서로 다른 의미의 인간을 말하고 있다면, '다의어 사용에 의한 오류(fallacy of equivocation)'를 범한 것이며, 따라서 타당하지 않다고 보아야 하기 때문이다.

a. 무고한 사람의 생명을 의도적으로 해치는 행위는
   그르다.
b. 수정란은 무고한 인간이다.
   그러므로
c. 수정란의 생명을 의도적으로 해치는 행위는 그르다.

a. 무고한 인간의 생명을 의도적으로 해치는 행위는
   그르다.
b. 수정란은 무고한 사람이다.
   그러므로
c. 수정란의 생명을 의도적으로 해치는 행위는 그르다.

보수주의 논변을 타당하게 만들기 위해서는 두 전제에서 모두 인간(유전적 의미의 인간)을 의미한다는 입장을 취하던지, 아니면 사람(도덕적 의미의 인간)을 의미한다는 입장을 취해야 한다. 하지만 어떤 입장을 취하건 거기에는 혹독한 대가가 따른다. 즉, 인간의 의미로 통일시키면 전제 'a'가 참일 수 없고, 사람의 의미로 통일시키면 전제 'b'가 참일 수 없다는 반론을 감당해야 한다.

보수주의 논변 옹호론자로서는 'X는 인간이다'는 것이 'X는 사람이다'는 것의 충분조건이라는 입장을 취하는 것이, 즉 '수정란은 인간이므로 사람이다'고 주장하는 것이 최선책일 수 있다. 그와 같이 주장하면 다음과 같이 다의어 사용에 의한 오류라는 오명을 벗을 수 있기 때문이다.

a. 무고한 사람의 생명을 의도적으로 해치는 행위는
   그르다.
b. 수정란은 인간이다.
c. 수정란은 사람이다. (b로부터)
   그러므로
d. 수정란의 생명을 의도적으로 해치는 행위는 그르다.
   (a와 c로부터)

이제 인간이라는 것이 수정란에게 사람의 지위를 보장해 줄 수 있을 지가 문제다. 미국의 생물학자 그룹스타인(Clifford

Grobstein)이 "수태(수정)가 유전적 의미에서 새로운 세대의 시작점이다"고 단언했듯이,[19] 수태시점에 유전적 의미의 인간이 생겨난다는 데는 이견이 있을 수 없다. 그래서 수정란이 사람(권리 주체)인가? 이 물음을 놓고, 즉 'X는 인간이다'는 것이 'X는 사람이

'5장'에서 논의될 철학자 툴리(Michael Tooley)가 '인간 이외의 동물들이 사람인가?(Are Nonhuman Animals Persons?)'라는 제목의 논문을 내놓은 바 있다. 이 제목의 의미를 이해했다면 '인간'과 '사람'의 용법을 이해한 것이다. 고릴라, 돌고래, 돼지, 토끼 등 인간 이외의 동물들이 사람이냐는 것은 그들에게 권리가 있느냐는 뜻이며, 거기에는 인간은 아니지만 사람인 대상이 있을 수 있다는, 즉 '비인간 사람(nonhuman person)'이 있을 수 있다는 의미가 담겨 있다. 사람(권리주체) 중 인간의 유전자를 가진 대상을 지칭하는 '인간 사람(human person)'이라는 용어가 쓰이고 있는 것도 같은 맥락으로 이해할 수 있다.

다'는 것의 충분조건일 수 있느냐는 물음을 놓고 보수주의 논변 옹호론자들은 두 가지 답변을 내놓는다. 그들의 답변을 들어보기로 하자.

3.3 보수주의자들의 답변 1: 배수체 논변

난자를 둘러싸고 있는 이중 보호막(부챗살관과 투명대)을 정자가 뚫고 들어갈 때부터 정자와 난자의 핵이 융합할 때까지의 24시간에 걸쳐 진행되는 과정을 '수정'이라 부른다. (정자와 난자의 핵 속에 염색체가 들어 있고, 염색체에는 성장정보가 담긴 유전자[DNA]가 있다.) 수정이 완성되면 정자와 난자, 즉 23개(n=23)의 염색체를 가진 두 반수체(haploid)가 합쳐져 46개(2n=46)의 염색체를 가진 배수체(diploid)가 생겨나며, 유전적 독자성을 획득한 그 배수체 유기체를 접합체(zygote, 수정난자)라고 부른다.

　이후 반으로 등분되는 난할(卵割)이 빠른 속도로 진행돼 뽕나무 열매를 닮아 상실배(morula)라 불리는 16~32 세포기에 이른다. 이 시기까지는 세포가 반반으로 계속 등분되므로 부피가 커지지 않지만, 배반포(blastocyst) 단계에 이르면 모세포가 분열해 두 딸세포가 생기는 체세포분열을 시작해 부피가 커지기 시작한다. 바로 이 배반포 시점에 자궁벽에 착상을 하며, 14일부터는 장기와 신체기관이 형성되기 시작한다. 놀랍게도 3주 중반이 되면 심장이 박동을 시작해 사과 씨 크기의 4주가 된 배아는 분당 105~121회의 심박수를 가진다. 6주 후반부터 8주 사이에 뇌파가 감지되고, 8주에 움직임을 시작해 12주 이전에 자세를 바꿀수 있고 빛과 소리에 반응을 하며 지문도 생겨난다.

가톨릭 도덕신학의 대부이자 제9연방순회항소법원 판사 누

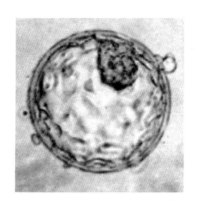

장기와 신체기관이 모두 형성되는 8주까지를 배아(embryo)라고 부르며 단순히 양적 성장을 하는 8주 이후의 존재를 태아(fetus)라고 부른다. 하지만 줄기세포연구가 쟁점으로 부상하며 신조어가 등장한다. 장기와 신체기관으로 분화가 시작되는 14일 이후의 배아로부터는 미분화 세포인 줄기세포를 얻을 수 없다. 따라서 줄기세포연구 찬성론자들이 14일 미만의 배아를 뜻하는 전배아(pre-embryo)라는 용어를 만들고, 전배아만 따로 떼어 사람이 아닌 세포덩이에 불과하다고 주장한다. 사진은 배반포 단계의 인간배아이며, 우측 상단에 검게 보이는 내부세포 덩어리(inner cell mass)로부터 줄기세포를 얻을 수 있다.

넌(John Noonan)은 난자에 일어난 생물학적 사건에 주목해 다음과 같이 수정란을 사람으로 선포한다.

> "수태 시 새로이 생겨난 존재가 유전자 코드를 획득한다는 사실이 수태가 인간화가 되는 결정적인 순간임을 여실히 보여준다. 그 새로운 존재가 획득한 유전정보가 그의 특성을 결정하며, 그 유전정보는 인간의 지혜를 가질 수 있게 하는 생물학적 운송체이고, 그것을 가진 대상을 자율진화하는 존재로 만든다. 인간의 유전자 코드를 가진 존재는 사람이다."[20]

수정란은 인간의 유전자 코드를 획득했으므로 유전적으로 인간(human)이고, 따라서 사람(person)이라는 것이 누넌의 주장이다. 하지만 인간의 유전자 코드를 획득했다는 것이 구체적으로 무엇을 획득했다는 건지, 그에 대한 설명 없이 누넌을 추종하는 것은 신기루를 잡겠다는 것과 다르지 않다.

누넌을 추종하는 사람들이 그에 대해 설명을 가한 이유이며, 인간의 유전자 코드를 획득했다는 것은 46개의 인간 염색체를 가졌다는 의미라는 설명이, 즉 누넌이 말하는 유전자 코드는 염색체 핵형(核型, chromosome karyotype)을 의미한다는 설명이 주를 이룬다. (핵형은 "염색체를 수, 크기, 모양 및 동원체[centromere]

의 위치에 따라 형태학적으로 분류하여 얻은 염색체의 핵내 배열상태를 말한다."[21] 이렇듯 누넌에 동조하는 보수주의자들의 주장은 다음과 같이 정리될 수 있다.

배수체 논변

수정란은 46개의 염색체를 획득했다.

그러므로

수정란은 사람이다.

수정란은 46개의 인간 염색체를 획득했으므로 유전적 의미의 인간이고, 따라서 사람이라는 것이 배수체 논변이다. 이렇듯 배수체 논변이 설득력을 가진다면 보수주의 논변은 다의어 사용에 의한 오류라는 오명을 벗을 수 있다.

3.4 재반론:
외과의사가 되겠다는 꿈은 아예 꾸지도 말아야 한다

배수체 논변에 따르면 '46개의 염색체를 가졌다'는 것이 '사람이다'는 것의 충분조건이다. 즉, 어떤 대상이 46개의 염색체를 가졌다면, 그 대상은 사람이고, 따라서 생명권을 가졌다는 것이다. 정말로 46개의 염색체를 가진 것이 그토록 대단한 행운인가?

아프리카코끼리 56, 오랑우탄 48, 기린 62, 타조 80, 나일악어 32, 사자 38, 하마 36, 아프리카들소 52, 치타 38, 검은코뿔소 84, 초원얼룩말 44, 하이에나 40 …… 우리에게 익숙한 동물의 염색체수를 나열해 보았다. 배수체 논변 옹호론자들은 가슴을 쓸어내렸을 것이다. 하지만 곤혹스러움과 마주할 준비를 해야 한다. 검은영양(Sable antelope), 아기사슴(Reeves's muntjac) 등의 동물도 인간과 마찬가지로 46개의 염색체를 가졌기 때문이다. 배수체 논변 옹호론자로서 어떤 설명이 가능한가? 아프리카코끼리와 오랑우탄은 생명권을 갖지 못했고, 인간과 검은영양과 아기사슴은 생명권을 가졌는가? 문제는 여기서 그치지 않는다.

"동네 후배를 나무 몽둥이로 구타하고 달군 돌멩이를 지져 화상을 입힌 10~20대 남녀 4명이 경찰에 붙잡혔다. 자신보다 나이가 많은 선배들에게 무차별 폭행을 당한 A군은 엉덩이에 멍이 들고 팔에 화상을 입는 등 전치 3주의 부상을 입은 것으로 알려졌다." (뉴스1, 2017. 09. 08)

잘못을 빌었고 혐의 모두를 인정했다는 이유로 경찰은 가해자들을 불구속 의견으로 검찰에 송치했다. 하지만 배수체 논변이 옳다면 경찰은 각성해야 한다. 우리 몸을 구성하고 있는 60조 개가 넘는 세포의 핵 안에는 각기 46개의 염색체가 들어 있다. 따라서 화상을 입혔다는 것은 대량학살을 저지른 것이고, 대량학살범을 불구속 의견으로 송치한 것이기 때문이다.

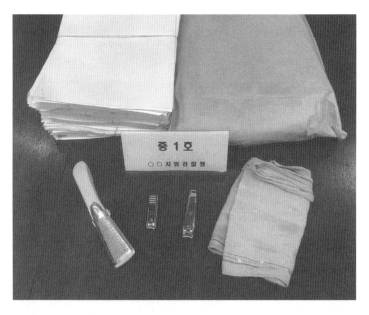

배수체 논변이 설득력을 가진다면 때수건을 사용한다거나 외과의사가 되겠다는 꿈은 아예 꾸지도 말아야 한다. 대량학살범을 자처하는 것과 다르지 않기 때문이다.

터너증후군 환자와 다운증후군 환자를 돌아봐야 한다

배수체 논변에 따르면 '46개의 염색체를 가졌다'는 것이 '사람이다'는 것의 충분조건이다. 하지만 동물실험에 대한 가톨릭의 입장을 생각해보면 위의 주장으로 충분치 않다는 것을 알 수 있다.

실험동물을 불필요하게 죽이지 않는 한 의료나 과학적 목적의 동물실험을 금지할 수 없다는 것이 가톨릭 입장이다. 이는 동물에게는 생명권이 없다거나 동물의 생명권은 인간의 생명권과 달리 절대권(absolute right)이 아니라는 말과 다르지 않다. (어떤 권리가 절대권이라면 그것을 박탈하지 말아야 할 타인의 의무가 면제되는 상황은 있을 수 없다.[22])

하지만 '46개의 염색체를 가졌다'는 것이 '생명권을 가졌다'는 것의 충분조건이라는 주장만으로는 동물의 생명권을 부정할 수 없다. 즉, 전자가 후자의 필요조건이라야 46개의 염색체를 갖지 못했다는 이유로 그를 부정할 수 있다. 이렇듯 46개의 염색체에 방점을 찍은 이상 동물실험에 대한 기존의 입장을 유지하려면 '46개의 염색체를 가졌다'는 것이 '생명권을 가졌다'는 것의 충분조건이라는 데 더해 필요조건이라는 입장도 함께 취해야 한다.

전자가 후자의 필요조건이라는 입장을 취하는 대신 동물에게도 생명권이 있지만 그들의 생명권은 절대권이 아니라고, 따라서 인간의 이익이 걸린 경우 그들의 생명권을 침해할 수 있다고

(전자가 후자의 충분조건이라는 것으로 족하다고) 답변하면 어떠한가? 하지만 동물에게는 권리가 없다는 것이 가톨릭교회의 가르침일 뿐 아니라, 정자와 난자를 생각해봐도 위의 답변이 가능하지 않은 이유를 알 수 있다.

정자와 난자가 생명권을 가졌다면 배란기에 금욕을 하는 여성은 살인자이며, 남성의 자위행위도 집단학살로 보아야 한다. 마땅히 정자와 난자의 생명권을 부정해야 하지만 전자가 후자의 충분조건이라는 주장으로는 그것이 가능하지 않다. 즉, 전자가 후자의 필요조건이라야 정자와 난자는 46개의 염색체를 갖지 못했으므로 생명권이 없다는, 따라서 배란기에 금욕을 하는 여성이나 남성의 자위행위가 비난대상일 수 없다는 입장을 취할 수 있다.[23]

이렇듯 배수체 논변 옹호론자들은 '46개의 염색체를 가졌다'는 것이 '사람이다'는 것의 충분조건이라는 데 더해 필요조건이라는 입장도 취해야 하며, 문제는 여기서 시작된다.

배수체 논변 옹호론자들은 누넌이 말하는 유전자 코드를 염색체 핵형으로 해석한다. 하지만 여성의 성염색체인 X염색체가 부족하거나 불완전한 터너증후군 환자 또는 21번 염색체가 정상인보다 1개 많은 다운증후군 환자와 같이 정상적인 염색체 핵형(남성: 2n=44+XY, 여성: 2n=44+XX)을 갖지 못한 사람들이 있다는 것이 문제다. 즉, '46개의 염색체를 가졌다'는 것이 '사람이다'는 것의 필요조건이라면, 이들 환자는 사람이 아니라고(생명권을 갖지 못했다고) 보아야 한다. 정말로 그런가?

배수체 논변 옹호론자의 입장에서 어떤 답변이 가능한가? 그들로서는 터너증후군 환자나 다운증후군 환자는 인간의 염색체와 같은 유형의 염색체를 가졌고, 따라서 인간의 유전자를 가졌다고 보아야 한다는 답변밖에는 가능하지 않을 것이다. 하지만 이는 또 다른 논쟁의 불씨를 남길 수밖에 없다.

네이처지에 남성과 여성의 유전적 차이가 1%에 달한다는 내용의 연구논문이 실린 바 있다. 반면 침팬지의 유전자지도를 공동 해독한 5개국 23개 연구기관에 따르면, 인간과 침팬지 모두 약 30억 개씩 있는 A, C, T, G 염기 조합 중 서로 다른 것은 약 4천만 개로 인간과 침팬지의 유전자 차이는 1.2% 정도에 지나지 않는다. 따라서 위의 답변대로라면 침팬지의 수정란 역시 인간의 염색체와 같은 유형의 염색체를 가졌다고 보아야 하며, 따라서 침팬지의 수정란도 사람으로(생명권을 가졌다고) 보아야 한다.

침팬지에게 생명권이 있다는 데 전적으로 동의한다. 하지만 동물권 옹호론자인 필자의 눈에도 침팬지의 수정란에게 생명권이 있다는 것은 어불성설이다. 배수체 논변을 옹호한다는 것은 수정란의 생명권만을 확보하려는 고육지책으로 보아야 한다는 뜻이다. (실제로는 인간과 침팬지의 유전적 차이가 1.2% 이상이라는, 따라서 침팬지와 침팬지 수정란의 생명권을 인정하지 않아도 된다고 생각할 수 있다. 그렇다면 '3.7.'에서 제시한 '지구 온난화 예'에서 케플러 438b 정착민에게 생명권이 없는지 생각해보기 바란다.)

이상에서 알아본 바와 같이 '46개의 염색체를 가졌다'는 것은 또는 '인간의 유전자 코드를 가졌다'는 것은 '사람이다(생명권을 가졌다)'는 것의 충분조건도 필요조건도 아니라고 보아야 한다. 즉, 둘은 무관한 주장으로 보아야 한다.

우주에서 온 ET가 "손가락이 20cm 이상이고 가슴에서 붉은 빛이 나는 대상에게만 생명권이 있다"고 주장한다면 수긍하겠는가? "40개의 염색체를 가진 대상에게만 생명권이 있다"고 하이에나가 주장하면 수긍하겠는가? 수긍할 수 없다면, 이들 주장과 "인간의 유전자를 가진 존재에게만 생명권이 있다"는 주장 사이에 차이가 있는지 생각해 보기 바란다.

3.5 보수주의자들의 답변 2: 청사진 논변

유전학에 조예가 깊은 보수주의자로서는 인간의 유전자 코드를 단순히 46개의 인간 염색체로 해석하는 것이 만족스럽지 않을 수 있다. 그와 같은 보수주의자들이 논의에 참여하며 누년의 주장은 또다른 모습을 갖추게 된다. 전국생명권옹호위원회(National Right to Life Committee) 회장을 역임한 산과 전문의 윌키(Jack Wilkie) 박사는 수정란에 46개의 염색체가 출현한다는 이유로 "한때 나였던 단세포에 담겨 있던 것이 지금 나의 총체(totality)였다"고 단언하며, 이후 DNA를 청사진에 비유하는 주장이 이어져 법원의 판결에도 영향을 끼친다.

미국 테네시에 거주하던 수(Mary Sue)는 6년 동안 자궁외 임신으로 5차례나 인공임신중절 수술을 받아야 했다. 수술 중 나팔관 파열로 인한 출혈로 생명까지 잃을 뻔한 그녀는 남편 데이비스(Lewis Davis)와 상의 끝에 시험관아기를 갖기로 한다. 1988년 12월 수의 아홉 난자가 데이비스의 정자에 의해 수정되어 그 중 두 수정란은 수의 자궁에 주입됐고 나머지 일곱 난자는 수정 이틀 후 동결 보관된다. 하지만 두 수정란 모두 착상에 실패하자 위태로웠던 결혼생활은 파국을 맞는다. 수는 이혼 후에도 아이를 갖겠다는 의지를 포기하지 않았고, 데이비스의 반대에도 동결 보관 중인 일곱 배아를 폐기하지 않겠다는 입장을 굽히지 않는다.

이혼 상태에서 아버지가 되는 것을 원치 않았던 데이비스는 결국 법원에 판결을 요청한다. 전례가 없었던 잔여배아 처리 문제를 놓고 테네시 대법원의 영(Dale Young) 판사는 한 유전학자의 증언에 전적으로 의존해 배아가 사람이라는 이유로 자궁에 이식 가능하도록 동결 보관하라고 판결한다.

> "사람은 사람이다. 수태와 함께 수족, 신경계 등 인간의 모는 구성요건이 또렷이, 분명하게 구현된다. DNA를 조작해 검사하면 다른 방법으로는 관찰할 수 없는 유일무이한 개체의 각기 고유의 영역에 대한 생명정보를 볼 수 있다."[24]

윌키 박사는 "한때 나였던 단세포에 담겨 있던 것이 지금 나의 총체였다"고 단언한다. 윌키 박사로 성장한 수정란에 윌키 박사의 성장정보에 대한 청사진이 존재했고, 따라서 그 수정란은 윌키 박사의 눈, 코, 입, 팔다리를 만드는 방법을 알고 있었다는 것이다.

데이비스 사건의 영 판사가 자문을 구한 유전학자 역시 "수정란에 수족, 신경계 등 인간의 모든 구성요건이 구현되어 있다"고 피력하며, 가톨릭을 통해 듣게되는 주장도 같은 맥락으로 이해할 수 있다. "수정란은 인간에게 필요한 모든 유전정보를 가진 생명체다."(가톨릭신문, 2017. 03. 26) 그들의 주장을 '청사진 논변'이라 부르기로 하자.

청사진 논변

수정란에 인간의 모든 구성요건이 구현되어 있다.

그러므로

수정란은 사람이다.

인간의 모든 구성요건이 구현되어 있으므로 수정란은 인간이고, 따라서 사람이라는 것이 청사진 논변이다. 이렇듯 청사진 논변이 설득력을 가진다면 보수주의 논변은 다의어 사용에 의한 오류라는 오명으로부터 벗어날 수 있다.

3.6 재반론
반론에 앞서: 초기배아가 가진 놀라운 능력들

이란성(二卵性) 쌍둥이는 말 그대로 두 개의 수정란으로부터 성장한 쌍둥이를 뜻한다. 한편 하나의 수정란에서 태어난 쌍둥이를 일란성(一卵性) 쌍둥이라 부르며, 일란성 쌍둥이로 성장할 배아는 일반적으로 8일 이전에 분열한다. 아주 드물게 신체기관이 형성되는 시점인 13~15일 사이에 분열하는 경우가 발생하며, 그럴 경우 신체의 일부가 붙은 결합쌍둥이(conjoined twin), 일명 샴 쌍둥이(Siamese twin)가 태어난다.

14일 미만의 배아에게 일어나는 또 다른 현상으로 분열된 두 배아가 다시 하나로 합쳐지는 융합(fusion) 현상을 들 수 있다. 융합현상은 동물의 배아에서는 흔한 현상이며 인간의 배아에게도 드물게 일어난다고 한다.

전배아의 능력에 감탄하기는 아직 이르다. 대략 5일 이전 배아의 모든 세포가 개체형성능(totipotency)을, 즉 개체를 형성할 수 있는 분화능력을 가졌기 때문이다. 예컨대 16세포기에 접어든 배아의 세포들을 16등분해서 적합한 환경(배양접시)에서 배양하면 각기 배반포로 성장하며, 그들을 16명 대리모의 자궁에 이식하면 이론적으로는 동일한 유전자를 가진 16명이 태어난다. 또한 16세포기의 배아를 2등분(4등분, 8등분)해 적합한 환경에서 배양하면 각기 배반포 단계까지 성장하며, 2명(4명, 8명)의 대리모 자궁에 이식하면 이론적으로는 (일란성 쌍둥이가 태어나는 것과 같은 이치로) 동일한 유전자를 가진 2명(4명, 8명)이 태어난다.

인간 초기배아의 개체형성능에 의문을 제기하는 경우를 보게 된다. 가톨릭 철학자 코흐-헐쉬노브(Rose Koch-Hershenov)의 경우 인간의 배아로 개체형성능을 실험한 적이 없다는 이유로,

즉 인간 배아의 개체형성능에 대한 생물학적 자료가 전무하고, 다른 포유동물의 개체형성능에 근거한 가설에 불가하다는 이유로 인간 배아의 개체형성능에 의존한 주장 일체를 신뢰하지 않는다.[25]

하지만 인간의 초기 배아가 다른 포유류의 초기 배아에게서 보이는 모든 생물학적 특성들을 가졌음에도 유독 개체형성능만을 갖지 못했을 가능성이 얼마나 클지 의문이다. 코흐-헐쉬노브는 인간의 배아로 개체형성능 실험을 진행한 바 없다고 지적하나, 실제로는 실험에 실패한 경험이 있다고 한다. 하지만 실험에 실패했다는 것이 개체형성능을 갖지 못했다는 것을 의미하지 않는다. 예컨대 다른 포유류와 달리 수많은 시도 끝에 2018년에 이르러서야 처음으로 원숭이를 복제하는 데 성공을 거둔 사실이 시사하듯이 그리고 페미니스트 신학자 케이힐(Lisa Cahill)이 지적한 바와 같이 어느날 한 순간에 인간 초기배아의 개체형성능이 입증될 수 있다는 얘기다.[26]

'4장'에서 논의될 바와 같이 인간 배아에게 개체형성능이 있다면 수태 순간 영혼주입설도 낭패를 볼 수밖에 없다. 수태 순간 영혼주입설 옹호론자로서는 어떻게든 인간 초기배아의 개체형성능을 부정해야 하지만, 인간 초기배아의 개체형성능에 대한 생물학적 자료가 전무한 것처럼 다른 포유류의 초기배아에게서는 볼

독일 생물학자 드리슈(Hans Driesch, 1867~1941)가 하등동물 배아의 개체형성능을 밝혀낸 이후 동물의 초기배아 세포를 분리해서 성체로 키우는 실험이 봇물을 이룬다. 결국 성공을 거뒀지만 코흐-헐쉬노브는 인간의 배아로 같은 실험을 진행하지 않았다는 이유로 인간 배아세포의 개체형성능에 의문을 제기한다. 하지만 동물과 인간의 유전적 차이가 크지 않으며, 체외수정 과정에서 분리현상이 일어난다는 것이 인간의 초기 배아세포도 다른 포유동물처럼 개체형성능을 가졌다는 간접적인 증거일 뿐 아니라, 70만분의 1 확률로 네쌍둥이가 태어난다는 사실로도 인간 배아가 개체형성능을 가졌을 가능성을 점칠 수 있다. 배아 하나가 넷으로 분리된 경우, 두 배아 중 하나가 셋으로 분리된 경우, 두 배아가 각기 둘로 분리된 경우, 세 배아 중 하나가 둘로 분리된 경우 모두 네 쌍둥이가 태어날 수 있기 때문이다. 사진은 1934년 캐나다 칼랜더에서 태어난 다섯 일란성 쌍둥이 자매 모습이다.

수 없는, 단지 인간의 초기배아만이 가진 생물학적 특성에 대한 자료 역시 전무하다. 다시 말해 인간의 초기배아에게도 다른 포유동물들의 초기배아처럼 쌍둥이로 분열되고 분열된 두 배아가 융합되는 현상이 일어나는 것으로 보아 인간의 초기배아도 다른 포유류처럼 개체형성능을 가졌을 개연성이 크다고 보아야 한다.

초기배아가 가진 생물학적 특성들로 인해 청사진 논변뿐 아니라 '4장'에서 논의될 수태 순간 영혼주입설도 재앙적 상황을 맞을 수밖에 없다. (논의될 바와 같이 인간의 배아가 가진 생물학적 특성 중 개체형성능을 양보하더라도 청사진 논변과 수태 순간 영혼주입설을 부정하기에 부족하지 않다.) 이제 그 이유에 대해 알아보기로 하자.

생물학적 사실들에 발목을 잡힐 수밖에 없다

설명된 바와 같이 월키 박사는 "한때 나였던 단세포에 담겨 있던 것이 지금 나의 총체였다"고 단언한다. 정말로 월키 박사로 성장한 수정란이 한때 월키 박사였고, 거기에 월키 박사의 성장정보에 대한 청사진이 존재했는가? 유전학적 지식은 고사하고 현미경도 제대로 들여다본 적도 없는 필자와 같은 사람에게는 난감한 물음이 아닐 수 없다. 따라서 가드너(Charles Gardner)와 같은 전문가에게 자문을 구하고자 한다.

"수정란에 배아가 성장하는 데 없어서는 안될 모든 DNA가 있다. 그 중 절반은 난자로부터 그리고 나머지 절반은 정자로부터 조달됐다. 종종 교과서나 신문지상에서 DNA가 일생의 청사진이라는 글을 접하게 된다. 하지만 DNA를 청사진에 비유하는 것은 잘못이다. 인간이 집이라면, DNA는 문고리, 경첩, 목재, 못, 창유리, 전선, 스위치, 퓨즈 등 무수한 집의 부품들로 상술할 수 있다. 그러나 그것이 부품들을 올바른 순서와 시간으로 조립하는 방법에 대해 말해주는 것은 아니다. DNA가 실체 또는 생명의 힘이라고 믿게 된 데 대해 생물학자들이 일조했다는 것은 실로 실망스러운 일이 아닐 수 없다. DNA는 단지 배아를 올바르게 이해하는 데 필수적인 정보들 중 일부에 불과하다. 실제로 수정란에는 배아의 성장에 대한 어떠한 청사진도 존재하지 않는다. 점점 복잡해지는 매 단계는 바로 이전 단계의 세포와 분자의 패턴에 의존하게 된다. 눈 또는 손가락을 만드는 데 필요한 정보는 수정란에는 존재하지 않는다. 그러한 정보는 단지 나중에 세포와 분자가 자리를 잡고 상호작용을 형성함에 따라 존재하게 된다. 그러나 한 개체가 DNA로부터 생기지 않는다면 어디에서 기인하는가? 수정란은 의심할 여지없이 잠재력을 보유하고 있다. (청사진이건 아니건) 현재의 경로를 따라갈 하나의 전체로 간주한다면, 수정란을 경로 초기의 개체로 인식할 수 있을 것이다."**27**

"수정란이 두 세포로 분열할 때 하나는 머리나 팔이 될 운명의 세포로 또 다른 하나는 발이 될 운명의 세포로 분열하지 않는다. 각 세포의 운명을 구체적으로 결정지을 프로그램은 수정란에 존재하지 않는다. 각 세포의 역할은 매 단계마다 성장 중인 배아의 신체 패턴 내에서 어떤 위치에 있는지에 영향을 받는다. 매 단계마다 새로운 정보를 가져오며, 신체패턴이 바뀜에 따라 그 정보도 바뀐다. 그리고 각 세포는 그 새로운 정보에 임의적으로 반응한다. 예컨대 16세포기 배아의 세포 하나는 장기들과 신체기관들을 형성하는 데 임의적으로 기여한다."**28**

이렇듯 가드너에 따르면 윌키 박사로 성장한 수정란에 윌키 박사의 성장정보에 대한 청사진이 존재하지 않았다. 즉, 한때 윌키 박사였던 수정란에 담겨 있던 것이 지금의 윌키 박사의 총체가 아니었으며, 수정란에 인간의 모든 구성요건이 구현되어 있다는 청사진 논변의 전제는 거짓이다.

하지만 위의 주장 역시 누넌을 추종하는 사람들의 주장과 마찬가지로 선언조의 주장이다. 따라서 설득력을 부여할 수 있는 설명이 따라야 한다. 청사진 논변 옹호론자들이 주장하는 바와 같이 수정란에 인간의 모든 구성요건이 구현되어 있다고 해보자. 그렇다면 수정란의 성장경로가 하나라야 한다. 바로 여기서 가드너의 설명이 시작된다.

"흰쥐 두 마리가 만들어낸 수정란이 4번 분열하면 16세포기에 접어든다. 이 16세포기의 배아를 검은쥐 두 마리가 만들어낸 수정란으로부터 성장한 16세포기의 배아와 융합하면 32세포기의 배아가 형성되며. 이 32세포기의 배아가 성장하면 흰털과 검은털이 섞인 한 개체가 된다. 그 개체의 모든 특정 세포는 흰쥐한 쌍으로부터 왔던가 검은쥐 한 쌍으로부터 왔다. 이와 비슷한 사건이 드물게 자연적으로 인간에게도 발생된다. 즉 두 일란성 쌍둥이 배아가 하나로 융합되며, 그로부터 성장한 사람은 완전히 정상인이 된다. 만약 원래의 두 배아가 특정한 두 개체로 확정됐다면 융합현상이 일어날 수 없다. 그 두 배아는 자신들을 다른 개체로 알아볼 것이며 따라서 융합하지 않을 것이다. 하지만 (그들이 융합하는 걸로 봐서) 그들은 자신과의 차이점을 알아보지 못한다고 보아야 한다. 그들은 서로가 다른 배아를 단지 초기 단계의 세포로밖에 인식하지 못한다고 보아야 한다. 초기 단계의 배아는 개체일 수 없다는 것이 융합현상이 일어나는 데 대한 유일한 설명이다. 인간의 초기배아는 쥐의 초기배아와 같이 세포뭉치에 불과하다."[29]

가드너의 주장대로 쌍둥이로 분열된 두 배아가 융합한다는 것이 그들 두 배아가 특정개체가 아니라는 증거라고 해보자. 그렇다면 수정란에 청사진이 존재할 수 없으며, 따라서 청사진 논변은 설득력을 잃을 수밖에 없다. 가드너의 반론으로부터 청사진 논변을 지켜내고자 한다면 쌍둥이로 분열된 두 배아가 개체라는 입장을 취하는 것 이외에 다른 선택지는 없다고 보아야 한다. 하지만 위의 선택지 역시 청사진 논변에 치명적일 수밖에 없다는 것이 문제다.

'4장'에서 설명될 바와 같이 융합하기 이전의 두 배아는 개체였고, 융합하며 더 이상 존재하지 않게 됐다는것이(죽었다는 것이) 설득력을 가진다. 윌키 박사의 부모님으로부터 생겨난 수정란이 32세포기인 상실배 시점에 일란성 쌍둥이로 분열했고, 그들 양분된 두 배아가 다시 융합했다고 해보자. 그렇다면 그들 두 배아 어느 쪽도 윌키 박사로 성장한 배아일 수 없다. 어느 한 쪽을 윌키 박사로 성장한 배아라고 할 수 있는 논거가 전무하기 때문이다. 따라서 그들 두 배아는 융합하며 사라졌고(죽었고) 새로운 배아가, 즉 윌키 박사로 성장한 배아가 새로이 생겨났다고 보아야 한다.

분열된 두 배아가 개체일지라도 청사진 논변이 설득력을 가질 수 없는 이유가 밝혀진 셈이다. 그들이 융합한 시점이 윌키 박사가 처음 존재한 시점이라는 것은 수정란에 윌키 박사의 성장 정보에 대한 청사진이 존재하지 않았다는 것을, 수정란에 인간의 모든 구성요건이 구현된지 않는다는 것을 의미하기 때문이다.

정리하자면 일란성 쌍둥이로 분열된 두 배아가 특정 개체이건 특정 개체가 아니건 간에 청사진 논변은 설득력을 가질 수 없다. 청사진 논변 옹호론자로서는 인간의 유전자(DNA)가 담긴 46개의 염색체를 획득한 것은 뭐냐고 반문할 수 있다. 답은 명확하다. 그것이 의미하는 바는 수정란이 사람이라는 것이 아닌 사람으로 성장할 잠재력을 가졌다는 뜻이다. (잠재력에 대한 논의는 '5장'으로 미루기로 하자.)

이상에서 알아본 바와 같이 청사진 논변은 '수정란에 수족, 신경계 등 인간의 모든 구성요건이 구현되어 있다'는 전제가 참이 아니므로 설득력을 가질 수 없다. 문제는 거기서 그치지 않는다. 즉, 위의 전제가 설령 참이라고 해도 앞으로 설명될 바와 같이 그로부터 수정란이 사람이라는(생명권을 가졌다는) 결론을 얻을 수 없다.

3.7 배수체 논변과 청사진 논변 모두에 대한 재반론: 생명권은 정신주체의 계속 존재할 권리이다

폭발적인 인구증가가 지구온난화를 가속시켜 열대우림이 자취를 감춘 지 오래다. 대기 중의 산소가 줄어들어 호흡마저 어려워졌고, 병충해가 창궐해 주요 작물은 멸종된 상태다. 마지막 남은 옥수수 농사에 희망을 걸었으나 강수량이 부족해 해가 갈수록 수확량이 감소하고 있다. 인류멸망시계의 초침이 급격히 빨라지자 미국항공우주국은 인류를 구한다는 특단의 계획을 세운다. 웜홀(warmhole)을 이용해 가임 남녀 10만 명을 지구와 환경이 비슷한 행성 케플러 438b로 보낸다는 것이었다. 계획은 실행에 옮겨졌고 기대 이상의 성과를 거둔다. 짧지 않은 세월이 흘렀고, 케플러 438b에 정착한 인류는 지구에 남아 멸종을 겨우 면한 잔류 인류를 돕기 위해 지구를 방문한다. 하지만 우주방사선과 케플러 438b의 환경적인 영향으로 인간의 유전자와 3% 차이가 나는 유전자를 갖게 됐다. 이성적일 뿐 아니라 도덕성도 갖춘, 더욱이 잔류 인류를 돕기 위해 지구를 방문한 그들에게는 그렇다면 생명권이 없는가?

인간과 침팬지의 유전자 차이가 1.2%에 불과하다는 사실을 감안하면 3%는 가히 엄청난 차이라 할 수 있다. 따라서 배수체 논변과 청사진 논변이 설득력이 있다면 잔류 인류를 돕기 위해 지구를 방문한 케플러 438b 정착민들에게 생명권이 없어야 한다. 그들에게 생명권이 있다면 생명권이 유전적 속성과 관계된 권리일 수 없으며, 따라서 두 논변 모두 설득력을 가질 수 없기 때문이다. 정말로 그들에게 생명권이 없는가? 그들을 사육해 식량원으로 삼고 구두를 만들어 신어도 문제될 것이 없는가?

가톨릭을 위시한 보수주의자들도 그들의 생명권을 부정할 수 없을 것이다. (케플러 438b 정착민과의 유전적 차이가 30%, 심지어 99%라고 해도 그들에게 생명권이 없다고 할 수 없다.) 다시 말해 생명권을 특정 종에게 임의적으로 주어지는 권리로 격하시킬 생각이 없다면 지구를 방문한 케플러 438b 정착민들의 생명권을 인정해야 하며, 따라서 배수체 논변과 청사진 논변을 포기해야 한다.[30] 모르긴 몰라도 그들의 생명권을 인정할 수 없다는 보수주의자는 없을 것이다. 혹여 그와 같은 보수주의자가 있다면 다음의 경우를 생각해보기 바란다.

단짝 갑수의 맹장수술 소식에 영구가 주스를 사 들고 병원으로 달려갔다. 하지만 병실에 들어선 순간 경악하고 만다. 낯선 사람이 자신의 이름을 부르며 반겼고, 갑수는 초점 없는 눈으로 벽 쪽을 바라보고 있었기 때문이다. 자초지종을 알아보니 사악한 집도의가 맹장수술을 하면서 동의 없이 갑수의 뇌를 다른 사람의 육체에 이식하고 갑수의 육체는 뇌 없이 1시간 동안 유기체로서의 기능을 유지하게끔 조처를 했다는 것이었다.

상황이 이렇다면 누구에게 주스를 건네야 하는가? 필자라면 필자를 알아보고 필자와의 추억을 간직하고 있는 쪽에 건넬 것이다. 그와 대화를 나누는 사이 1시간이 흘렀다고 해보자. 그래서 뇌가 없는 갑수의 외모를 가진 육체가 죽었다고 해보자. 그래도 여전히 갑수는 존재한다고 보아야 한다. 다시 말해 집도의가 갑수의 권리를 심각하게 침해했지만, 그가 침해한 권리가 생명권은 아니라고 보아야 한다. 이제 다음의 경우를 상상해보자.

단짝 을수의 맹장수술 소식에 일구가 한걸음에 병원으로 달려갔다. 하지만 병실에 들어선 순간 당혹감을 감추지 못한다. 을수가 자신을 알아보지 못했을 뿐 아니라, 온화한 성품은 간데없고 거친 말투로 위협을 가했기 때문이다. 자초지종을 알아보니 사악한 집도의가 맹장수술을 하면서 동의 없이 을수의 뇌를 조직폭력배의 뇌로 재프로그래밍했고, 그래서 을수와 관계된 기억, 신념, 성격적 특성이 완전히 사라지고 조직폭력배의 것으로 대체됐다는 것이었다.

의사가 을수의 어떤 권리를 침해한 것인가? 상황이 이렇다면 을수는 그 어디에도 존재하지 않으며, 따라서 을수의 육체는 살아 있어도 을수는 죽었다고 보아야 한다. 즉 의사가 을수의 생명권을 박탈했다고 보아야 한다.

이렇듯 낙태 논쟁에 강렬한 족적을 남긴 철학자 툴리가 정리했듯이 생명권은 생물학적 유기체의 계속 존재할 권리가 아닌 정신주체의 계속 존재할 권리로 보아야 하며, 따라서 배수체 논변이나 청사진 논변과 같이 유전적 의미의 인간이라는 이유로 수정란의 생명권을 주장할 수는 없다.[31]

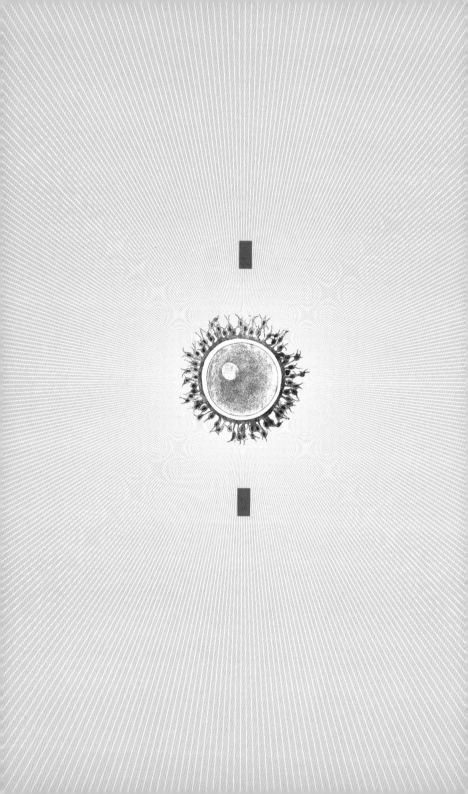

4 보수주의자들의 주장: 수정란에 영혼이 들어온다

4.1 과거 질료형상론자들의 생각: 태동 시점에 영혼이 들어온다

아리스토텔레스

인간 생명의 시작점에 대한 관심은 아퀴나스가 태어나기 2000여 년 전으로 거슬러 올라간다. 고대 이집트인과 그리스인들은 영혼이 들어오며 인간의 생명이 시작된다고 믿었다. 하지만 영혼이 들어오는 시점을 놓고는 합의점을 찾지 못해 고대 이집트인들은 출생시점에 태반을 통해 들어온다고 믿었던 반면, 고대 그리스의 의학자 히포크라테스(Hippocrates, B.C. 460년경~377년경)는 여성의 씨앗은 남성의 씨앗에 비해 습하고 약하다는 이유로 여아의 영혼은 임신한지 42일째 되는 날에, 그리고 남아의 영혼은 30일째 되는 날에 들어온다고 보았다.

문제는 아리스토텔레스다. 그가 개진한 질료형상론(hylomo-rphism, matter-from theory)을 가톨릭 신학의 사상적 지주인 아퀴나스가 계승했기 때문이다. 아리스토텔레스의 질료형상론에 따르면 인간을 비롯해 모든 살아 있는 유기체는 '질료(matter)'와 '형상(form)'으로 구성된 복합체이며, 질료와 형상은 서로 상호보완적 관계에 있다. 어떤 유기체가 변화를 겪고 잠재력이 발현되는 방향으로 성장하는 것은 영혼 때문으로, 예컨대 인간의 육체는 인간의 이성적 영혼 덕분에 인간에게만 나타나는 능력을 가진 존재로 성장하게 된다. 질료와 형상(영혼)은 독립적으로 존재할 수 없고, 영혼이 나일 수도 없다. 내 질료(육체)가 내 영혼을 가진 순간 나는 특정 유기체로서 존재했고 영혼이 질료를 떠나며 나라는 유기체는 실체적 변화를 겪어 더 이상 존재하지 않게 된다. 질료형상론 옹호론자들이 영혼을 '통합원리(organizing principle)'라고 부르는 이유이다.

그렇다면 육체가 처음 영혼을 갖게 되는 시점은 언제인가? 아리스토텔레스는 사정을 해야 임신이 된다는 데 근거해, 생식을 위해서는 동인(動因)이 필요하다고 보아 남성은 동인인 정액을 제공하고 여성은 정액이 활동할 수 있는 생리혈을 제공한다고 믿었다.[32] 다시 말해 정액에 영혼이 있어, 여성은 육체를 제공하고 남성은 그 특정 육체의 본질인 영혼을 제공한다는 것이 아

리스토텔레스의 생각이었다.[33]

아리스토텔레스의 생각대로 정액과 생리혈이 섞여 수태가 이뤄진다고 해보자. 또한 정액에 혼이 있다고 해보자. 그렇다면 정액과 생리혈이 만나는 시점에 영혼이 질료에 들어갈 개연성에 무게를 두는 것이 자연스러울 수 있다. 하지만 아리스토텔레스는 그 개연성을 부정한다. 그는 영혼을 식물, 동물, 인간의 영혼으로 분류하고 이를 태아에도 적용해 식물적 영혼, 감각적 영혼, 이성적 영혼의 능력이 발현되는 순으로 성장단계를 거친다고 보았다. 즉, 처음에는 식물적 삶을 살고 동물적 삶을 거쳐 인간의 삶을 살게 된다고 보았으며, 그의 견해가 고대 그리스 철학자들 사이에 보편적인 견해로 자리잡아 아퀴나스와 그 이후로까지 명맥이 이어진다.

주목할 점은 아리스토텔레스가 이들 세 영혼을 '선형(linear) 관계'로 파악했다는 점이다. 즉, 그에 따르면 수태순간에 식물적 영혼의 능력이 발현되고, 그 때도 감각적, 이성적 영혼을 가지고 있었으며, 이후의 어떤 시점에 이들 두 영혼의 능력이 발현된다. 또한 감각적 영혼의 능력이 발현되도 식물적 영혼은 소멸하지 않고 이성적 영혼이 발현되도 감각적 영혼과 동물적 영혼이 소멸하지 않는다.[34]

이렇듯 아리스토텔레스에게는 이성적 영혼의 능력이 발현

되는 시점이 곧 인간의 생명이 시작되는 시점이었으며, 그 시점을 놓고 임신부가 태아의 움직임을 처음 감지하는 태동시점을 언급한다. "남자태아는 일반적으로 40일경 자궁의 오른편에서 움직임을 보이지만 여자태아는 90일경에 왼편에서 움직임을 보인다."[35](태동시점이란 어원적으로는 태아에게 영혼이 들어오는, 태아가 살아 움직이는 시점을 말한다. 하지만 태아의 움직임을 관찰할 수 있는 태아경이 없었던 당시로서는 임신부가 태아의 움직임을 처음으로 감지하는 시점을 의미했다. 태동시점은 임신부의 복부지방 상태나 태아의 활동성 정도에 따라 차이를 보이며, 16~20주가 실제 시점이다.) 인간 생명의 시작점으로 아리스토텔레가 남자태아는 40일을 그리고 여자태아는 90일을 지목했다고 아리스토텔레스학파가 해석한 이유이다.

토마스 아퀴나스

아리스토텔레스는 아퀴나스가 그의 대작 『대이교도대전』에서 지목한 이교도(이슬람교도, 마니교도, 유대인)는 아니었다. 하지만 기독교적 관점에서는 이교도나 다름없었다. 수태 순간 영혼주입설이 지금의 가톨릭 공식입장이라는 점을 감안하면 가톨릭 신학의 사상적 지주인 아퀴나스가 이교도나 다름없는 아리스토텔레스의 질료형상론을 계승해 수태 이후 영혼주입설을 주장했다는 사실

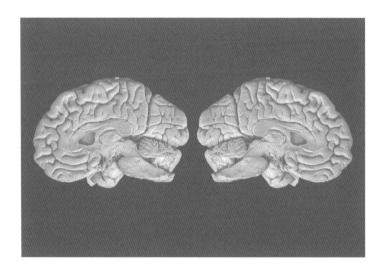

24억 8천만 명에 달하는 기독교인을 비롯해 세계 70억 인구 중 영혼의 존재를 믿는 사람이 무려 93%에 달한다고 한다. 나머지 7%를 위해 영국의 철학자 스윈번(Richard Swinburne)의 사유실험을 소개하고자 한다. 익히 알고 있는 바와 같이 뇌는 두 개의 반구와 뇌간으로 이루어져 있으며, 두 반구 중 하나가 기능을 잃어도 의식을 갖고 살아갈 수 있다. 내 뇌를 (뇌간과 함께) 양분해 방금 뇌가 제거된 두 육체에 이식했다고 해보자. 그리고 나머지 반은 각기 다른 사람의(내 일란성 쌍둥이의) 뇌를 양분해 이식하고 의식을 갖게끔 했다면 둘 중 누가 나인가? 둘 모두 과거에 내가 했던 일을 기억하고 일면 나처럼 행동할 것이다. 하지만 둘 모두 나일 수는 없다. 그렇다는 것은 그들 둘이 동일인이라고 주장하는 것과 다르지 않기 때문이다. 이제 좌반구를 이식한 쪽이 나라는, 우반구를 이식한 쪽이 나라는, 둘 다 내가 아니라는 세 가능성만이 남았다. 하지만 어느 것이 정답인지 확신할 수 없다. 즉, 내 육체에 일어난 일을 알고 있어도 그것이 나에게 어떤 일이 일어났는지를 설명해주지 못하며, 따라서 나를 구성하고 있는 실체는 비물질적인 영혼으로 보아야 한다는 것이 스윈번의 사유실험이다.[36]

은 흥미로운 이면이 아닐 수 없다.

아퀴나스는 아리스토텔레스를 따라 인간을 포함한 모든 유기체는 질료와 형상의 복합체로 보았다. 성교를 통해 생식을 하는 동물은 정액과 생리혈이 만나 수태가 이뤄진다는 데도 동의했다. 정액을 동인으로 비활동적인 생리혈은 식물적, 동물적, 인간의 삶을 순차적으로 살아간다는 데도 동의했다. 뿐만 아니라 이성적 영혼을 갖는 시점, 즉 인간화(hominization)가 되는 시점부터 특정 인간이 존재한다는 데도 동의함으로써 아리스토텔레스의 수태 이후 영혼주입설을 계승한다.[37]

하지만 신학자인 그로서는 질료형상론의 기독교화가 과제였을 것이다. 따라서 다음과 같이 아리스토텔레스와의 차별을 꾀한다. 그에 따르면 여성이 제공한 질료, 즉 생리혈에 식물적인 영혼이 있어 태아는 처음부터 식물적인 삶을 살고, 시간이 지나 식물적 영혼이 소멸되면 정액의 능력으로 보다 완전한 (식물적 영혼도 가진) 감각적 영혼으로 대체되어 동물적인 삶을 살게 되며, 다시 시간이 지나 감각적 영혼이 소멸되면 신의 능력으로 보다 완전한 (식물적 영혼과 동물적 영혼도 가진) 이성적 영혼으로 대체되어 인간의 삶을 살게 된다.[38] 뿐만 아니라 영혼은 질료 없이도 불완전한 상태로 존재할 수 있다.[39]

신이 이성적 영혼을 불어넣는다고 본 것과 영혼이 질료 없이도 존재할 수 있다고 본 것은 그로서는 당연한 귀결이었으며, 아리스토텔레스와 견해를 달리해 식물적, 감각적, 이성적 영혼의 관계를 선형 관계가 아닌 '불연속적 관계'로 파악했다는 것 역시 당연한 귀결로 보아야 한다. 그들이 선형 관계에 놓여 있다는 것은 신이 수태 시점에 이성적인 영혼을 불어넣는다는 것과 다르지 않기 때문이다.

아리스토텔레스와 달리 세 영혼을 불연속적 관계로 파악했다는 것은 수정란을 죽이는 것이 살인인지의 물음을 놓고 중요한 함의를 갖는다. 아리스토텔레스를 따라 식물적 영혼의 능력이 발현되는 수태순간부터 인간의 영혼인 이성적 영혼을 가지고 있었고, 시간이 지나 그 능력이 발현된다고 해보자. 그렇다면 수정란을 죽이는 것은 (아직 능력이 발현되지 않은) 이성적인 영혼을 없애는 것이므로 문제가 될 수 있다. 하지만 아퀴나스처럼 세 영혼을 불연속적 관계로 파악한다면 이성적 영혼이 들어오기 이전 시점에(식물적, 동물적 영혼만이 들어온 시점에) 태아를 죽이는 것은 문제될 것이 없다.

다름 아닌 아퀴나스가 수태 이후 영혼주입설을 수용함으로써 지금의 가톨릭을 궁지에 몰아넣었다. 따라서 수태시점에 영혼(이성적 영혼)이 들어오지 않는다고 본 이유가 무엇인지, 그리고 언제 이성적 영혼이 들어온다는 건지 궁금하지 않을 수 없다.

수태시점에 영혼이 들어오지 않는 이유를 놓고 아퀴나스는 신이 준비된 질료에 불어넣기 때문이라고 답변하며, 창세기를 통해 그 준비된 질료에 대한 단서를 찾는다. 즉, "하나님이 자기 형상 곧 하나님의 형상대로 사람을 창조하시되 남자와 여자를 창조하셨다"는 창세기 1장 27절에서의 신의 형상을 이성적인 본성으로 해석함으로써, 이성적 본성이 발현하는 시점에 신이 영혼을 불어넣는다고 보았다.[40]

이제 이성적 본성이 발현하는 시점, 즉 이성적 영혼이 불어넣어지는 시점이 문제다. 그를 알기 위해서는 원죄에 대한 아퀴나스의 설명을 들어야 한다. 그는 이성적 영혼이 들어오지 않은 대상은 원죄를 가질 수 없다고 보아 이성적 영혼이 들어온 시점 이후에 성모마리아가 원죄에서 벗어나 신성화(sanctified)됐다고 설명하며,[41] "성모마리아가 원죄에 물들었지만 탄생 이전에 원죄로부터 해방되셨다"고 말함으로써 탄생 직전에 신성화가 됐을 가능성까지 열어 놓는다.[42]

이는 인간의 생명이 언제 시작되는지의 물음을 놓고 중요한 함의를 갖는다. 이성적 영혼이 들어오며 성모마리아가 신성화가 됐다고 했으므로, 그리고 탄생 이전에 신성화됐다고 했으므로, 성모마리아의 이성적 영혼이 탄생 직전에 들어왔을 가능성까지 열어 놓았다고 보아야 하기 때문이다. 성모마리아에 국한된 해석

장로교회를 창시한 프랑스의 신학자 칼뱅과 독일의 종교개혁가 멜란히톤(Philipp Melanchthon, 1497~1560)은 신이 창조한 영혼이 수태시점에 들어온다고 믿었으며, 독일의 종교개혁가 루터(Martin Luther, 1483~1546)는 부모가 물려준 영혼이 수태시점에 들어간다고 보았다. 이들의 영향으로 16세기와 17세기에 개신교 신학자 중 일부가 낙태에 대해 극보수 입장을 취했으나, 이후 태아와 낙태에 대한 관심이 점차 줄어들어 현대에 들어서는 낙태에 침묵하는 개신교 목회자와 의사들이 늘어난다. 사진은 작자미상의 칼뱅 초상화다.

아니냐는 의문을 가질 수 있을 것이다. 하지만 아퀴나스는 에레미아서 1장 5절("내가 너를 모태에 짓기 전에 너를 알았고 네가 배에서 나오기 전에 너를 성별하였고 너를 여러 나라의 선지자로 세웠노라")을 언급하며, 신이 에레미아를 모태 밖으로 나오기 이전에 거룩하게 했다고 말함으로써 위의 의문을 불식시킨다.[43]

이제 한 가지 의문을 해소해야 한다. 남자태아는 40일에 그리고 여자태아는 90일에 영혼이 들어온다고 보았다는 것이 아퀴나스에 대한 일반적인 해석이기 때문이다. 하지만 이는 아리스토텔레스의 질료형상론을 계승했고, 아리스토텔레스의 40일, 90일설을 특별히 부정하지 않은 데서 유래한 것으로 보인다.

여하튼 아리스토텔레스를 따라 태동시점에 영혼이 들어온다는 것이 아퀴나스의 입장이었다. 그의 입장이 1312년의 빈 공의회(Council of Vienne)에서 가톨릭 도그마로 확정되며, 1513년 제5차 라테라노 공의회(Council of the Lateran)에서 재인된다. 그리고 1591년, 교황 그레고리오 14세(Gregorius XIV)는 태동시점에 영혼이 들어온다고 확정하고, 영혼이 들어온 태아를 낙태하는 경우에만 제명해야 한다는 입장을 취한다. 태동시점 이전에 낙태를 한 경우는 엄격한 처벌을 요하지 않는다는 신부들의 가르침이 이어진 이유이다.

하지만 피에누스를 시작으로 수태 순간 영혼주입설이 고개를 들며, 1667년 정자에 작은 인간이 들어 있다는 현미경 전문가 레벤후크의 주장으로 새로운 동력을 얻어 '1장'에서 설명된 바와 같이 제255대 교황 비오 9세에 의해 가톨릭의 공식입장으로 자리를 굳힌다.

레벤후크의 주장으로 수태 순간 영혼주입설이 동력을 얻은 건 자연스런 귀결이었다. 아퀴나스의 주장대로 준비된 질료에 하나님이 영혼을 불어넣는다면, 그리고 레벤후크의 말대로 정자에 작은 인간이 들어 있다면 수태순간에 영혼이 들어온다는 것이 합리적인 유추일 수 있기 때문이다.

4.2 현대 질료형상론자 단실(Joseph Donceel): 대뇌피질이 생성된 이후에야 영혼이 들어온다

1869년 교황 비오 9세가 수태와 함께 영혼이 들어온다고 선포한 이후 내부적으로 아퀴나스 버전의 질료형상론은 역사 속에 묻히게 된다. 물론 가톨릭을 떠나서라도 발생학에서 괄목할 만한 성과를 이뤄낸 현 시점에 아퀴나스의 버전을 온전히 부활시킬 수는 없다. 하지만 초기 배아가 가진 생물학적 특성들이 밝혀진 이상 새로운 버전의 질료형상론을 마련해야 하는 것은 아닌지, 오히려 수태 순간 영혼주입설을 역사에 묻을 시점은 아닌지 묻지 않을 수 없다.

수태 순간 영혼주입설에 대해 가장 먼저 드는 의문은 영혼(인간의 이성적 영혼)이 고양이의 수정란에 들어가지 않는 이유이다. 우리는 질료와 형상의 복합체이고 질료와 형상이 상호보완적 관계에 놓여 있다고 했으므로 답은 정해졌다. 즉, 고양이의 수정란은 이성적인 영혼이 활동하기에 또는 영적 활동이 이루어지기에 적합한 질료가 아니기 때문이라는 답변 밖에는 가능하지 않다.

인간의 수정란을 생각해보자. 이성적인 영혼이 활동하기에 적합한지의 여부를 놓고 고양이 수정란과 인간의 수정란 사이에 차이점을 발견할 수 없다. 인간의 수정란 역시 영적인 활동에 적합하지 않다는 뜻으로, 신부이자 철학자이고 현대 질료형상론자인 단실(Joseph Donceel)이 주장한 바와 같이 영적 활동을 위해 없어서는 안될 장기가 없는 질료에는, 즉 뇌, 특히 대뇌피질이 생성되지 않은 질료에는 영혼이 들어갈 수 없다고 봐야 하는 것은 아닌가?[44] 또는 철학자 섀넌(Thomas Shannon)과 월터(Allan Wolter)를 따라 대뇌피질과 뇌간이 통합되는 대략 20주까지는 영혼이 들어갈 수 없다고 봐야 하는 것은 아닌가?[45]

"질료형상론이 말하는 바와 같이 형상과 질료가 엄격히 상호보완적이라면, 영적 활동이 이루어지는 데 없어서는 안될 장기들이 출현한 신체에서만 인간의 영혼이 출현할 수 있다. 영적 활동이 이루어지기 위해서는 최고의 의식활동이 이뤄질 수 있어야 하며, 최고의 의식활동이 이뤄지는 데 없어서는 안될 주된 장기는 잘 알려진 바와 같이 뇌, 특히 대뇌피질이다."[46]

고양이 수정란뿐 아니라 바비인형과 연필에도 영혼이 들어가지 않는 것으로 보아 영혼이 그를 받아들일 준비가 안 된 질료에 들어갈 수 없다는 데 이견을 보이기 어렵다. 즉, 대뇌피질이 생성된 이후라야 영혼이 들어올 수 있다는 단실 등의 주장이 수정란에 들어온다는 수태 순간 영혼주입설 옹호론자들의 주장보다 합리적이다.

물론 고양이수정란, 바비인형, 연필과 인간의 수정란 사이에는 큰 차이점이 존재한다. 그들과 달리 인간의 수정란은 인간을 뇌를 가질 수 있는 잠재력을 가졌기 때문이다. 하지만 질료형상론적 영혼은 육체를 실현시키는 원리이지 육체를 향후에 어떻게 실현시킬지를 결정짓는 원리가 아니라는 점에 유의해야 한다. 즉, 인간의 뇌를 가질 수 있는 잠재력이 있다는 사실은 향후에 영혼이 들어올 수 있다는 것을 보여줄 뿐 현 시점에 영혼이 들어온다는 것을 보여주지 못한다. 대뇌피질이 생성되지 않은 수정란에

영혼이 들어갈 수 없다는 단실 등의 주장으로 수태 순간 영혼주
입설은 존폐 위기에 몰렸다는 뜻이다.

4.3 보수주의자들의 답변:
영혼의 통시적 기능을 간과한 주장이다

한쪽 끝이 빽빽한 숲으로 이어진 넓다란 초원이 카메라 앵글에
정지화면처럼 잡혔고, 새벽의 적막은 알 수 없는 긴장감을 자아
냈다. 순간, 화면 오른 편에서 토끼 한마리가 나타나 필사적으로
내달린다. 거의 화면 한 복판에 다다랐을 때였다. 토끼를 향해 전
력으로 질주하는 개 한 마리가 모습을 드러냈다. 토끼와의 거리
가 순식간에 좁혀졌고, 클로즈업된 화면 속의 사냥개는 거친 숨
을 몰아쉬며 토끼의 꽁무니까지 따라잡았다. 막 덮치려는 순간
토끼가 긴 뒷다리를 이용해 90°로 방향을 틀었고, 당황한 사냥개
가 갑자기 앞발로 멈추려 하자 하체가 들리며 공처럼 떼굴떼굴
구른다. 정신을 차릴 틈도 없이 추격을 재개했지만 매번 잡히기
직전 토끼가 같은 행동을 반복한다. 그럴 때마다 사냥개는 구르
는 일을 반복했고, 결국 토끼가 숲으로 내빼며 아찔한 이중주는
막을 내렸다. 기억을 되살려 외국의 어느 방송사가 제작한 프로
그램 내용을 적어보았다.

짧은 시간이었지만 화면 속에서 일련의 사건들이 발생했다. 토끼를 향해 내달린, 토끼를 덮치려 한, 앞발로 급하게 멈추려 한, 공처럼 구른, 추격을 재개한 사건을 어떻게 이해해야 하는가? 토끼가 당황한 나머지 방향을 트는 타이밍을 놓쳤다고 해보자. 그래서 사냥개가 토끼를 물었다면, 이 정점을 찍은 사건으로 인해 이전의 사건들에 대한 이해가 가능해진다. 토끼를 잡고 픈 욕구가 일련의 사건들을 통합적으로 설명해주기 때문이다.

다시 말해 토끼를 물기 직전에 물고픈 욕구가 생겼다는 공시적(共時的, synchronic) 관점에서의 해석은 설명력을 가질 수 없으며, 위의 욕구가 시간차를 두고 벌어진 일련의 사건들에 널리 편재(遍在)했었다는 통시적(通時的, diachronic) 관점에서의 해석이 설명력을 갖는다고 보아야 한다.

가톨릭 철학자 패트릭 리(Patrick Lee)가 바로 이 공시적/통시적 관점을 영혼에 적용함으로써 단실의 뼈아픈 반론으로부터 수태 순간 영원주입설을 구원해줄 구원투수로 등판한다. 즉, 패트릭 리에 따르면 단실, 섀넌, 월터 등의 주장은 영혼의 통시적 기능을 간과한, 공시적 기능만을 염두에 둔 편향적인 해석이며, 따라서 수태 순간 영혼주입설을 겨냥한 그들의 반론은 성립하지 않는다는 것이다.[47]

교황 비오 9세가 수태와 함께 영혼이 들어온다고 선포했으

아리스토텔레스는 식물적, 감각적, 이성적 영혼이 선형 관계에 있다고 파악한 반면, 아퀴나스는 불연속적 관계로 보았다. 영혼의 통시적 기능을 주장하는 진영은 (식물적 영혼과 감각적 영혼을 분류하지는 않지만) 아리스토텔레스의 편에서, 그리고 영혼의 공시적 기능을 주장하는 진영은 아퀴나스의 편에서 대리전을 치르는 양상이다. 사진은 1637년 스페인 화가 후세페 데 리베라(Jusepe de Ribera)가 가난한 철학자로 묘사한 아리스토텔레스다.

므로 가톨릭으로서는 어떻게는 수정란에 영혼이 들어온다고는 논거를 마련해야 한다. 하지만 수정란이 의식활동을 한다는 어떤 징후도 발견할 수 없다는 것이 문제다. 따라서 그들로서는 패트릭 리가 그랬듯이 영혼의 통시적 기능을 주장하는 것이, 즉 수정란에 영혼이 들어왔고 시간이 지나 뇌가 형성되며 영혼이 의식활동을 시작한다고 주장하는 것이 최선책일 수 있다.

영혼에 통시적 기능이 있다는 패트릭 리의 주장으로 수태 순간 영혼주입설은 기사회생의 기회를 잡을 수 있었다. 하지만 묻지 않을 수 없다. 뇌가 형성되기 이전에도 영혼이 편재했었다고 보아야 하는 이유가 무엇인가? 패트릭 리에게는 빗겨갈 수 없는 물음이다. 그에 대한 설명 없이 영혼의 통시적 기능을 주장하는 것은 진흙탕 싸움을 벌이겠다는 의도로 비쳐질 수밖에 없기 때문이다.

패트릭 리는 수정란은 유기체로서 존재했고, 이해 가능한 패턴으로 일련의 사건을 거치며 성장한다는 것이 뇌가 형성되기 이전에도 영혼이 편재했었다는 증거라고 말한다.[48] 다시 말해, 다른 종의 수정란과 달리 인간의 수정란은 인간 종 고유의 패턴으로 일련의 사건을 거치며 이성적인 영혼이 활동하기에 적합한 방향으로 성장을 한다는 것이 뇌가 형성되기 이전에도 영혼이 편재한다는 증거라는 것이다.

생물학적 사실에 근거했다는 점에서 패트릭 리로서는 위험 부담이 적은 답변을 택했다고 보아야 한다. 그로서는 최선을 답변일 수 있으며, 영혼의 통시적 기능을 주장하는 다른 수태 순간 영혼주입설 옹호론자부터로도 그 이외의 답변을 듣지 못했다. (뇌가 생성되기 이전까지 무언가에 의해 통제를 받는다는 등의 답변을 고려할 수는 없다. 영혼을 통제하는 그 무언가가 물질적인 것일 수밖에 없으며, 물질적인 것이 어떤 메커니즘으로 비물질적인 영혼을 통제할 수 있는지, 그를 설명할 길이 보이지 않기 때문이다.) 하지만 영혼에 실제로 통시적 기능이 있는지의 물음은 차치하더라도 통시적 기능을 주장하기 위해서는 큰 대가를 치러야 한다는 것이 문제다.

1932년 10월, 와이오밍 주 샌피드로 산에서 금을 시굴하던 중 두터운 바위 깊숙한 곳에 자리한 공간을 발견한다. 바위를 폭파시켰고 먼지가 가라앉으며 두 눈을 의심케 하는 장면이 나타났다. 높이 120cm, 너비 120cm, 깊이 4.5m의 공간에 늙은 남자로 보이는 36cm 정도 키의 미이라가 앉아 있었던 것이다. 아메리카 원주민들 사이에 전설로 내려오는 소인(小人)이 모습을 드러냈다는 등 갖가지 추측이 미국 사회를 뒤흔들었으며, 심지어 진화론은 무너졌다는 주장까지 등장한다. '페드로'라는 애칭을 얻은 미이라의 실체를 규명하기 위해 전국에서 과학자들이 모여들었고, 오랜 공방 끝에 결국 1700년도에 무뇌증으로 사망한 아메리카 원주민 아기인 것으로 밝혀졌다.

무뇌증은 수태 후 23~26일 경에 신경관 결손으로 발생한다. 1만 명 중 3명 꼴로 태어나는 무뇌증 아기는 사산되거나 살아남아도 대부분 30분을 넘기지 못하며, 오래 살아야 대부분 며칠을 넘기지 못한다. 무뇌증 아기 중 가장 흔한 경우인 뇌간을 제외한 뇌의 나머지 부분과 머리뼈가 완전히 없이 태어나는 완전무뇌증(holoanencephaly) 아기가 태어났다고 해보자. 곧 숨질 수밖에 없지만 인공 생명보조장치로 2~3일 신체기능을 유지시킬 수 있다면 어떤 결정을 내려야 하는가?

1973년 미국의사협회가 무뇌증 아기에게 생명보조장치를 부착하지 않는 것이 적극적인 안락사(active euthanasia)에 해당하지 않는다는(살인이 아니라는) 권고안을 제시했듯이, 생명보조장치로 어떤 이익도 취할 수 없는 무뇌증 아기에게 생명보조장치를 부착하지 않는 것을 살인으로 볼 수는 없다. (완전무뇌증 신생아에게 생명보조장치를 부착하지 않는 것이 살인일 수 없다는 것은 상식에 속한다. 굳이 그 이유를 설명하자면 생명권은 신체의 계속 존재할 권리가 아닌 정신적인 내력의 계속 존재할 권리이기 때문이라는 등의 설명이 가능하다.)[49]

영혼에 통기적 기능이 있다고 해보자. 그래서 완전무뇌증 아기가 수정란이었을 때 영혼이 들어왔었다고 해보자. 즉, 뇌가 형성되지 않아 영혼이 의식활동을 하지는 못했지만 영혼을 가

졌고, 따라서 사람으로 보아야 한다면 생명보조장치를 부착하지
않는 것은 살인일 수밖에 없다. 반면, 단실을 따라 영혼의 공시
적 기능만을 주장하면 뇌가 형성되지 않는 완전무뇌증 아기에게
는 영혼이 들어올 수 없으며, 따라서 생명보조장치를 부착하지
않는 것이 살인일 수 없다는 상식적인 답변을 내놓을 수 있다.

　　페트릭 리로서는 완전무뇌증 아기를 포기할지언정 영혼의
통시적 기능을 포기할 수는 없을 것이다. 하지만 14일 미만의 배
아가 가진 생물학적 특성들의 생각해보면 영혼에 통시적 기능이
있다는, 따라서 수정란에 영혼이 들어온다는 입장을 유지할 수
있을지 의문이다.

완전무뇌증 아기에게 생명보조장치를 부착하
지 않는 것이 살인일 수 없다는 데 가톨릭도
동참한다. 하지만 영혼의 통시적 기능을 주장
하려면 위의 입장을 철회해야 한다. 영혼에 통
시적 기능이 있다는 것은 수정란에 영혼이 들
어온다는 것이므로 완전무뇌증 아기에게 생
명보조장치를 부착하지 않는 것은 살인일수밖
에 없기 때문이다. 사진은 샌피드로 산에서 금
시굴 중 발견된 일명 '샌피드로산 미이라(San
Pedro Mountains Mummy)'이다.

4.4 반론에 앞서: 특정 개체가 아니라는 이유로
수태 순간 영혼주입설을 부정할 수 없다

1996년 7월 5일, 다 자란 포유동물은 복제할 수 없다는 가설이 깨진다. 영국 로슬린연구소의 월머트(Ian Wilmut) 박사와 캠벨(Keith Campbell) 박사가 276번의 실패 끝에 6년생 암양의 유선(젖샘)세포를 이용해 복제양을 탄생시켰기 때문이다. 세계최초 복제 포유동물의 출생을 앞두고 작명에 고심하던 연구진은 풍만한 가슴의 싱어송라이터 돌리 파튼을 떠올린다. 돌리 파튼의 유명세를 능가할 복제양 돌리(Dolly)가 자신의 존재를 세상에 드러내는 순간이었다.

돌리 이후 돼지, 고양이, 사슴, 말, 개, 쥐, 산염소, 말승냥이 등의 복제 포유동물이 줄이어 탄생한다. 하지만 이미 태어난 새끼돼지(갓 태어난 고양이, 강아지…)를 양분해 두 개체로 성장시키는 실험을 했다는 이야기를 들어보지 못했다. 그런 실험을 진행하지 않는 이유는 개체인 새끼돼지가 두 개체로 성장할 리 만무하기 때문이다.

초기배아의 정체에 대해 의문을 갖게 하는 대목이다. 수태 순간에 영혼이 들어온다는 것은 수정란부터 사람이라는 뜻이다. 하지만 단일개체인 새끼돼지가 양분돼 두 개체로 성장할 수 없듯이, 인간의 초기배아도 단일개체라면 일란성 쌍둥이로 양분될 수 없다는 것이, 따라서 일란성 쌍둥이로의 분열되는 시점까지는 사람일 수 없다는 것이 상식일 수 있다.

    a. 단일개체가 두 개체로 분열될 수 없다.

    b. 초기배아는 두 개체로 분열된다.

    c. 초기배아는 단일개체가 아니다. (a와 b로부터)

    d. 단일개체라는 것이 사람이기 위한 필요조건이다.

    그러므로

    e. 초기배아는 사람이 아니다(세포덩어리에 불과하다). (c와 d로부터)

위의 논변이 성공적이라면 영혼에 통시적 기능이 있다는 데 의존해 수태 순간 영혼주입설을 옹호할 수 없을뿐 아니라 수태 순간 영혼주입설은 그 자체가 허구일 수밖에 없다. 하지만 위의 논변이 성공적이기 위해서는 'a'와 'd'가 참이라야 한다(b는 생물학적 사실이며, 'c'는 다른 전제들로부터 도출된다). 그리고 'd'에 대해서는 이견이 있을 수 없다. 즉, 단일개체라고 해서 모두 사람일 수 없지만(단일개체라는 것이 사람이기 위한 충분조건일 수는 없지만), 단일개체가 아니라면 사람일 수 없다는 것을 부정할 수 없다. 이렇듯 위의 논변의 성패는 결국 'a'가 참인지에 달렸다고 보아야 한다.

수태 순간 영혼주입설 부정론자들로부터 'a'가 참이라는 주장을 심심찮게 듣게 되는 이유이다.[50]

하지만 다음의 경우를 생각해보자. 단역배우 육선 씨는 어느 날 잘나가는 PD로부터 한 통의 전화를 받는다. 일일연속극 '연속극만 보는 여자'에 주연으로 파격 캐스팅됐다는 것이었다. 쾌재를 외친 육선 씨는 단골미용실 모임도 잊은 채 서둘러 집으로 향했다. 무명시절을 함께한 반려식물 '라임이'와 한시라도 빨리 기쁨을 나누고 싶어서였다. 라임이가 육선 씨의 사랑을 받는 데는 생김새도 한몫했다. 정사각형의 뿌리에서 라임 모양의 16개 가지가 정확히 같은 크기로 올라온 특이한 모양을 하고 있기 때문이다. 그런데 거실로 들어서는 순간 육선 씨는 경악하고 만다. 평생을 믿고 의지하던 가정부가 라임이를 정확히 8개씩 반으로 갈라 다른 두 화분에 옮겨 심고 각기 '일순이'와 '이순이'라는 이름까지 지어줬기 때문이었다. 한바탕 난리를 치고 나서야 육선 씨는 라임이에게 용서를 구하지 않았다는 사실을 깨달았다. 부리나케 라임이에게 달려갔지만 정작 한마디도 못하고 일순이와 이순이를 번갈아 바라만 보고 있다.

필자가 육선 씨라면 용서를 구하는 일은 진작에 포기했을 것이다. 아무리 들여다봐도 어차피 누구에게 용서를 구해야 할지 답이 안 나오기 때문이다. 다시 말해 정확히 양분했으므로 일순이와 이순이 둘 중 어느 한쪽을 라임이로 볼 수 있는 근거가 전무하며, 따라서 라임이는 더 이상 존재하지 않는다고(죽었다고) 보아야 한다.

아메바의 경우도 마찬가지다. 현미경으로 어떤 특정 아메바 개체를 관찰하던 중 이분법으로 분열해 'a', 'b' 두 개체가 됐다고 해보자. 이 경우 'b'가 아닌 'a'를 분열 이전의 아메바로 볼 수 있는 근거가 전무하며, 'a'가 아닌 'b'를 분열 이전의 아메바라로 볼 수 있는 근거 역시 전무하다. 즉, 죽어서 가죽을 남기는 호랑이와 달리 특정 편형동물 개체였던 아메바는 분열과 함께 사체를 남기지 않고 죽었다고(더 이상 존재하지 않게 되었다고) 보아야 한다.

반면, 가정부가 라임이의 가지 하나를 떼어내 다른 화분에 심고, 남은 15가지에는 삼순이 그리고 새로 심은 가지에는 사순이라고 이름을 지어줬다고 해보자. 그렇다면 삼순이에게 사과를 해도 어색하지 않다. 즉, 사순이가 아니라 삼순이를 라임이로 볼 수 있는 근거가 있고, 따라서 라임이가 생존했다는 해석이 가능하다. (8개씩 양분하지 않았다면 가지를 몇 개 옮겨 심었건 같은 해석이 가능하다.) 사체를 남기지 않고 죽을 수 있다는 것이 생소할 수 있다. 하지만 반려식물 예가 오히려 죽음에 대한 우리의 견해가 편협했다는 것을 말해주고 있다.

이상에서 알아본 바와 같이 어떤 대상이 정확히 양분된다는 것은 분리되기 이전의 대상이 특정 개체인지의 물음에 결부된 문제가 아닌, 분리되기 이전의 대상이 생존했는지의 물음에 결부된 문제로 보아야 한다. 즉, 위의 논변의 'a'를 참으로 볼 수 없으며, 따라서 위의 논변에 의존해 영혼의 통시적 기능을 부정할 수 없고, 수태 순간 영혼주입설 그 자체도 부정할 수 없다. 하지만 그것이 수태 순간 영혼주입설의 미래가 장밋빛이라는 뜻은 아니다.

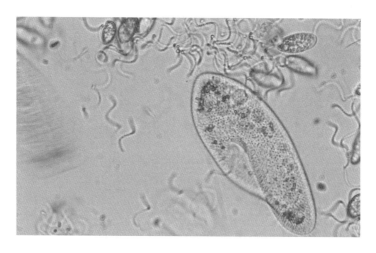

사진의 짚신벌레는 특정개체임에 틀림없다. 하지만 사진을 찍은 다음 날 이분법으로 분열을 했다면 그 특정개체는 더 이상 존재하지 않는다고, 즉 사체를 남기지 않은 채 죽었다고 보아야 한다.

4.5 반론: 쌍둥이로 분열되면서 영혼은 어떻게 되는가?

"쌍둥이 엄마인 비욘세가 고용한 보모의 연봉이 공개돼 화제다. 영국 데일리메일 등 해외 언론들이 26일, 비욘세가 최근 출산한 쌍둥이 남매를 위해 18명의 직원을 새로 고용했다고 보도했다. … 긱각 루미(Rumi)와 서(Sir)라는 이름을 지어주고 이들의 이름을 딴 상표를 등록하기도 했다." (아시아경제, 2017. 07. 27)

비욘세가 2017년 6월 18일 쌍둥이를 출산했다는 것은 9개월 전 남편 제이지의 정자가 그녀의 난자를 수정시켰고, 수정된 난자가 14일 이전의 어떤 시점에 일란성 쌍둥이로 분열됐다는 의미이다. 수태 순간 영혼주입설이 옳다고 해보자. 즉, 비욘세의 수정란에 영혼이 들어왔었다고 해보자. 그렇다면 14일 이전 어느 시점에 루미와 서로 분열되면서 수정란에 들어왔던 영혼은 어떻게 됐는가? 수태 순간 영혼주입설을 옹호하기 위해서는, 또는 영혼의 통시적 기능에 의존해 수태 순간 영혼주입설을 옹호하기 위해서는 일란성 쌍둥이 문제를 해결해야 한다.

수태 순간 영혼주입설이 옳다고 해보자. 그리고 비욘세의 수정란으로부터 성장한, 루미와 서로 분열되기 이전의 배아를 애덤(Adam)이라고 해보자. 문제는 애덤이 루미와 서로 분열되면 어떻게 됐느냐이다. 일란성 쌍둥이 문제를 놓고 미국의 철학자 슈메이커(David Shoemaker)가 짚은 네 가지 가능성에 애덤과 루미와 서를 대입시켜보자.

    a. 애덤의 영혼이 분열된 두 배아 모두에 들어갔다.

    b. 애덤의 영혼이 분열된 두 배아 중 하나에 들어갔고, 나머지 배아에는 새로운 영혼이 들어갔다.

    c. 애덤은 어디에도 존재하지 않게 됐고, 분열된 두 배아에 새로운 두 영혼이 들어갔다.

    d. 애덤에 두 영혼이 공존했고, 두 배아로 분열되며 각기 자리를 잡았다.[51]

가톨릭으로서는 'a' 입장을 취하는 것이, 즉 영혼도 배아를 따라 나뉘어진다고 보는 것이 쌍둥이 문제를 처리할 수 있는 가장 손쉬운 해법일 수 있다. 하지만 'a'가 가톨릭 수태 순간 영혼주입설의 근간이 되고 있는 질료형상론에 부합하지 않는다는 것이 문제다. 설명된 바와 같이 질료형상론적 영혼(이성적 영혼)은 질료를 실현시키는 실체로서, 아리스토텔레스적 영혼은 그 능력이 발현되는 시점부터 그리고 아퀴나스적 영혼은 그것이 들어온 시점부터 특정 질료는 특정 사람으로 존재했기 때문이다.[52] 쌍둥이로 분열되거나 분열된 두 배아가 융합되는 현상이 일어나는 14일까지는 영혼이 들어올 수 없다는 데 가톨릭 신학자까지도 동참하는 이유이기도 하다.[53] (아퀴나스는 편형동물과 같이 분열하며 살아가는 동물은 분열시 감각적 영혼이 나뉘어지면서 이전의 개체는 없어지지만, 인간 배아의 이성적 영혼은 나뉘어지지 않는다고 설명한다.)

고대 그리스 철학자 플라톤(Plato, BC 427~347)과 근대철학의 창시자 데카르트가 말하는 영혼 역시 수태 순간 영혼주입설 옹호론자들의 선택지가 될 수 없다. 플라톤적 영혼도 나뉘어질 수 없는 '실체(substance)'이고, 테카르트적 영혼 역시 나뉘어질 수 없는 '자아(ego)'이기 때문이다.

'a' 입장을 취할 수 없는 보다 근본적인 이유는 논리에게 미안해서다. 다시 말해 'a'가 참이라는 것은 '애덤 = 애덤 + 애덤'이라는 뜻으로, 이는 논리에 대한 모욕이다.

'b'는 어떠한가? 모든 인간의 영혼이 수태 시점에 들어온다는 것이 수태 순간 영혼주입설에 전제가 되고 있다. 하지만 'b'가 참이라면 위의 전제는 무너질 수밖에 없다. 'b'가 참이라는 것은 슈메이커가 지적한 바와 같이 일란성 쌍둥이의 나이가 다르고 영혼이 들어오는 시점이 다양하다는 것을 의미하기 때문이다.[54]

가톨릭에게 'a'와 'b'는 크게 문제될 것이 없다. 그들 입장을 취하지 않으면 그만이기 때문이다. 하지만 'c'의 경우는 다르다.

4.5.에서 논의됐듯이 'c'를 참으로 보아야 하며, 그렇게 보아야 한다는 것은 설명될 바와 같이 그들에게 악몽일 수밖에 없다.

루미와 서 중 누가 애덤인가? 루미가 아니라 서를 애덤으로 볼 수 있는 논거가 전무하며, 서가 아니라 루미를 애덤으로 볼 수 있는 논거도 전무하다. 즉, 루미와 서 누구도 애덤이 아니라고 보아야 하며, 따라서 수태 순간 영혼주입설이 옳다면 애덤은 쌍둥이로 분열되며 더 이상 존재하지 않게 됐고(죽었고) 분열된 두 배아에 루미와 서의 영혼이 새로이 들어왔다고 보아야 한다.

융합 현상을 놓고도 동일한 해석을 가해야 한다. '3.6.'에서 설명된 바와 같이 14일 미만의 배아에게는 쌍둥이로 분열됐던 두 배아가 다시 합쳐지는 융합 현상이 일어난다. 루미와 서에게는 이와 같은 현상이 일어나지 않았다. 하지만 어떤 쌍둥이로 분열된 배아에게서 융합 현상이 일어났다고 해보자. 쌍둥이였을 때의 두 배아를 'B'와 'C', 그리고 그들이 융합된 배아를 'D'라고 해보자. 이 경우에서 역시 B가 아니라 C를 D라고 볼 수 있는 논거가 전무하며, C가 아니라 B를 D라고 볼 수 있는 논거도 전무하다. 즉, B와 C 누구도 D가 아니라고 보아야 한다. 또한 쌍둥이로 분열된 두 배아 모두가 분열되기 이전의 배아일 수 없듯이('a'가 참일 수 없듯이), B와 C 모두가 D라고도 할 수도 없다. 즉, 수태 순간 영혼주입설이 옳다면 융합 현상이 일어나면서 B와 C는 죽었고 융합된 배아에 D의 영혼이 들어와 D가 처음 존재하게 됐거나, B와 C중 하나는 죽고 나머지 하나가 살아남았다고 보아야 한다.

이제 수태 순간 영혼주입설의 난맥상이 들어난 셈이다. 쌍둥이로 분열되는 현상과 분열된 두 배아가 다시 합쳐지는 융합 현상이 더 이상 일어나지 않는 시점에(14일 이후에) 신이 영혼을 불어넣는다면 무고한 사람이 죽는 일은 발생하지 않을 것이다. 그럼에도 군이 수정란에 영혼을 불어넣어 무고한 아이를 죽게하는 이유가 무엇인가?

기도 대상으로서의 신을 생각해보자. 신은 전지(全知)하고 전능(全能)한 존재라야 한다. 전지하지 않다면 기도 내용을 알지 못할 수 있으며, 전능하지 않다면 기도 내용을 알아도 들어주지 못할 수 있기 때문이다. 뿐만 아니라 전애(全愛)의 속성도 가져야 한다. 기도 내용을 알고 들어줄 능력이 있어도 악한 이유로 들어주지 않을 수 있기 때문이다. ('전애하다'는 것은 '완전히 선하다'는 말로서 선을 어떻게 정의하느냐에 따라 '완전히 정의롭다', '완전히 자비롭다' 등으로 표현될 수 있다.) 전통적으로 기독교 유일신을 전지하고, 전능하고, 전애한 존재, 즉 완전한 존재(perfect being)로 정의한 이유이다.

일란성 쌍둥이로 돌아가보자. 수정란에 영혼을 불어넣는 이유가 쌍둥이로 분열되고 분열된 두 배아가 융합될 것을, 따라서 무고한 아이가 죽게될 것을 몰랐기 때문이라면, 신은 전지한 존재가 아니다. 한편 분열되고 융합되며 무고한 아이가 죽게될 것을 알고도 수정란에 영혼을 불어넣었다면 신은 전애한 존재가 아니며, 그와 같은 사실을 알았고 선한 존재임에도 무고한 아이가 죽는 것을 막지 못했다면 전능한 존재가 아니다.

이렇듯 수태 순간 영혼주입설을 주장하는 것은 신의 존재를 부정하는 것과 다르지 않다고 보아야 한다. 다시 말해 수태 순간 영혼주입설을 주장하는 것은 소를 잃고(신을 부정하고) 그 대신 양을 얻는(수태 순간 영혼주입설을 지켜내는) 망우득양(亡牛得羊) 격으로 보아야 한다. 가톨릭으로서는 양을 잃고(수태 순간 영혼주입설을 포기하고) 그 대신 소를 얻는(신의 존재를 부정하지 않는) 망양득우(亡羊得牛)를 택해야 한다는, 즉 적어도 14일까지는 신이 영혼을 불어넣지 않는다는 입장을 취해야 한다는 얘기다. (자연상태에서도 50%의 초기배아가 착상에 실패해 죽는다는 사실로도 미루어 짐작컨대 신이 과연 수정란에 영혼을 불어넣을지 심히 의문이다.)

물론 가톨릭에게 대안이 없는 것은 아니다. 'd' 입장을 취한다면 신을 부정하지 않고도 신이 수태 순간에 영혼을 불어넣는다는 입장을 유지할 수 있기 때문이다. 비욘세의 수장란에 루미와 서의 영혼이 들어왔고 며칠 지나 쌍둥이로 분열되면서 두 영혼이 자리를 잡았다고 해보자. 즉, 수정란이라는 한 질료를 루미와 서라는 두 사람이 공유했다면, 보수주의진영으로서는 영혼이 나뉘어진다는 무리수를 둘 필요가 없을뿐 아니라 누군가가 죽고 쌍둥이가 생겨났다는 반론으로부터도 자유로울 수 있다. 수태 순간 영혼주입설 옹호론자들이 'd'에 눈독을 들이는 이유이다.[55] 하지만 어떻게 수정란에 두 영혼이 들어올 수 있다는 건지, 수정란에 들어온 두 영혼이 어떻게 쌍둥이로 분열되며 각기 자리를 잡을 수 있다는 건지 궁금하지 않을 수 없다.

4.6 보수주의자들의 답변: 수정란에 두 영혼이 들어간다

수태 순간 영혼주입설을 주장하기 위해서는 무엇보다도 일란성 쌍둥이 문제를 해결해야 한다. 그리고 그러기 위해서는 설명된 바와 같이 수정란에 들어온 두 영혼이 쌍둥이로 분열된 두 배아에 각기 자리를 잡는다는 입장을 취해야 한다. 가톨릭 철학자 코흐–헐쉬노브가 신이 쌍둥이로 분열될 수정란에는 두 영혼을 불어넣고 단생아로 성장할 수정란에는 하나의 영혼만을 불어넣는다고 주장한 이유로서, 그녀에 따르면 수정란에 두 영혼이 들어와 "같은 공간을 점유한다(spatially coincident)."[56]

"유전적으로 동일한 배아가 하나의 수정란으로부터 성장한 경우 한 인간이 두 인간으로 나뉘어지는 것이 아닌 두 인간이 분리된다는 것이 일란성 쌍둥이 문제에 대한 내 해결책이다. 이들 두 인간은 각기 영혼과 육체(질료)의 복합체이고 수정과 함께 단세포 육체에 두 영혼이 들어왔을 때 처음 존재했었다. 영혼이 들어오며 이들 두 인간의 영혼은 같은 질료를 공유하며 함께 있었다. … 질료가 두 형상들에 의해 실현되면 두 인간은 (때로는 분리에 실패하고 결합되기도 하지만) 보통의 경우 분리된다. 이런 식으로 일란성 배아들은 둘다 (또는 모두 다) 수정이 됐을 때 이미 존재했으며, 수정 후 14일정도 이내에 분리되는 것이 일반적이다."[57]

"신이 (어떤 이유에서인지) 단세포 인간 난자에 둘 또는 그보다 많은 인간의 영혼들을 불어넣는 경우는 단지 일부 경우에 불과하므로 … 접합체 또는 배아를 인위적으로 분할하는 것은 단일 인간을 분할하는 것일 가능성이 매우 크다. 대부분 영혼이 들어와 단일 인간을 존재하게 하므로, 쌍둥이를 유발하고자 하는 것은 대부분의 경우 영혼이 있는 개체를 분할하고자 하는 것이다."[58]

이렇듯 코흐-헐쉬노브는 전지한 신이 단생아로 성장할 수정란에는 하나의 영혼을 그리고 쌍둥이로 성장할 수정란에는 두 영혼을 불어넣으므로 인위적으로 인간의 배아를 분할해 성장시키고자 하는 것은 영혼이 있는 인간을 분할하는 것과 다르지 않다고 충고한다. 한마디로 영혼이 들어온 존재이므로 인간의 배아로는 개체형성능 실험을 하지 말라는 것이다.

축구경기도 아니고 공상소설을 읽다가 경고를 먹은 기분이다. 설명된 바와 같이 코흐-헐쉬노브는 인간 배아의 개체형성능은 동물실험에 근거한 추측에 불과하다고 주장한다. 인간 배아도 다른 포유동물의 배아처럼 개체형성능을 가졌다면 수태 순간 영혼주입설은 설명된 바와 같이 재앙적 상황을 맞을 수밖에 없다. 위의 경고를 한 이유가 혹여 인간 배아의 개체형성능이 밝혀지지는 않을까 하는 두려움 때문에서는 아닌지 의심이 가는 이유이다.

여하튼 위의 주장만으로는 공상소설 그 이상의 감흥을 주지 못한다. 즉, 수정란에 두 영혼이 들어온다는 주장이 논의거리라도 되기 위해서는 두 영혼이 어떻게 같은 공간을 점유할 수 있는지에 대한 설명이 따라야 한다. 하지만 그것이 가능할지 의문이다. 아퀴나스의 사상체계에서 두 인간이 하나의 육체를 공유할 수 없다. 따라서 슈메이커가 지적한 바와 같이 아퀴나스 계승자를 자처하며 수정란에 두 영혼이 들어온다는 입장을 취할 수 없는 것은 아닌가? 이에 대해 코흐-헐쉬노브는 남편 헐쉬노브 (David Hershenov)와 공동으로 저술한 논문에서 다음과 같이 답변한다.

"슈메이커는 토마스 아퀴나스 계승자의 경우 한 육체에 두 인간이 존재한다는 것을 인정할 수 없다고 주장한다. 그는 하나의 육체에 두 인간이 동시에 존재할 수 없다는 것 자체를 모르는 듯싶다. 왜냐하면 한 육체에 심지어 한 인간도 존재할 수 없기 때문이다. 육체가 바로 인간이다. 영혼이 질료를 실현시킨 결과가 육체이며 육체는 인간과 동일하고 인간은 배아와 동일하다는 것을 슈메이커가 간과한 것이다. 두 영혼이 같은 공간을 점유한다는 것을 하나의 육체를 두 영혼이 중첩 실현시킨 것으로 오해한 것이다. … 두 인간인 하나의 배아라고 하는 것은 잘못이고 같은 공간을 점유한 두 배아가 결국은 나뉘어진다고 해야한다."[59]

"두 영혼이 같은 공간을 점유한다는 것에 대한 보다 나은 해석은 영혼의 숫자가 육체의 숫자를 결정짓는다는 해석이다. 따라서 두 영혼이 있다는 것이 한 육체에 두 인간이 있다는 것을 의미하지 않는다는 점에서 한 영혼/한 육체 전제에 위배되지 않는다. 두 영혼에 두 육체가 수반된다. 이들 두 육체는 각기 다른 인간이다. 같은 공간을 점유하는 두 인간은 쌍둥이로 분열될 때 분리되며, 결합쌍둥이는 그들이 부분적으로 분리된 경우이다."[60]

질료형상론이 말하는 인간은 영혼과 질료의 복합체로서, 영혼이 질료를 실현시킨 결과가 영혼과 질료의 복합체로서의 육체이자 인간이라는 데 동의한다. 즉, 한 육체에 둘 또는 한 인간이 존재한다는 것은 엄밀한 표현이 아니다. 하지만 본격적인 의문은 지금부터다. 두 유기체(인간)가 어떻게 같은 공간을 점유할 수 있는가? 헐쉬노브 부부에게는 결정적인 물음인 만큼 나름 고민의 흔적이 묻은 답변을 내놓는다.

"두 도로가 겹쳐진 상태로 계속 이어지다 45도 각도로 갈라져 양 끝을 이뤘다고 해보자. 그리고 그들 도로를 각기 루트 9와 루트 1이라고 해보자. 익히 알고 있듯이 도로는 파손되면 작아지고 공사를 하면 커진다. 지진으로 두 도로의 겹쳐지지 않은 곳 일부가 파손됐고, 그래서 두 도로가 작아져 같은 공간을 점유하게 됐다고 해보자. 그들은 같은 아스팔트 조각으로 만들어졌지만 양상이나 존재해 온 연혁으로 보아 별개의 두 도로임에 틀림

없다. 이 경우는 그들은 합쳐지며 없어진 경우가 아니다. 왜냐하면 각기 이전의 독립적인 부분들이 다른 쪽의 부분들과 뒤엉기지 않았고 따라서 합쳐진 것이 아니기 때문이다. 이제 두 도로의 파손된 부분들이 이전 상태로 완전히 복구됐고, 얼마 후 겹쳐진 부분이 두 번째 지진에 의해 파손됐다고 해보자. 그래서 루트 1과 루트 9가 완전히 분리됐다면, 어느 쪽이 루트 1이었고 어느 쪽이 루트 9였는지를 고민하지 않아도 된다. 이 이야기의 교훈은 같은 공간을 점유한 두 대상이 분리된 이후 비임의적으로 재식별이 가능하다는 것이다. 마찬가지로 공존하는 두 배아가 있다면, 두 영혼이 분리될 때 그들도 함께 분리되어 각기 실현되고, 접합체 시점에 분열이 일어나면 더 작은 두 세포가 각기 실현될 수 있다."[61]

위의 설명이 어떻게 두 유기체(인간)가 같은 공간을 점유하는 메커니즘에 대한 설명이 된다는 건지 도무지 모를 일이다. 앞서 소개된 인용문 말미로 돌아가보자. 헐쉬노브 부부에 따르면 "같은 공간을 점유하는 두 인간은 쌍둥이로 분열될 때 분리되며, 결합쌍둥이는 그들이 부분적으로 분리된 경우이다." 이렇듯 결합쌍둥이를 두 인간이 같은 공간을 점유하고 있었다는 것을 보여주는 예로 제시하며, 코흐-헐쉬노브는 단독 논문에서 다음과 같이 결합 쌍둥이를 보다 적극적으로 활용한다.

"대부분의 경우 두 결합 쌍둥이 모두 개체 유기체(individual organism)이다. 육체의 어떤 부분들을 어느 정도 공유하지만, 그들이 결합됐다는 것이 단일 유기체를 공유하고 있다는 것을 의미하지 않는다. 그래서 결합 쌍둥이가 인간을 유기체로 보는 생물학적 견해와 관련해 문제를 거의 야기시키지 않는다. … 하지만 문제는 결합 정도가 심한, 대뇌 아래의 전신을 공유하는 쌍둥이인 쌍두체(dicephalus)이다. … 생물학적으로는 하나의 유기체로 보는 것이 합당하다. 하지만 두 대뇌가 별개의 의식의 흐름(stream of consciousness)를 가능케 하므로 두 사람(또는 인간)이 존재한다고 볼 수 있다. 하나의 유기체인 것 같은 데에 두 사람이 있는 경우이므로, 쌍두체의 경우가 두 사람(또는 두 인간)이 전배아(pre-embryo)의 물질적 차원을 공유한다는 데 신빙성을 더해 준다."[62]

코흐-헐쉬노브와 헐쉬노브로서는 가톨릭에 몸담은 이상 어떻게든 일란성 쌍둥이 문제를 해결해야 했을 것이다. 하지만 의무감이 앞서 무리수를 둔 것은 아닌지 묻지 않을 수 없다. 그들의 주장은 마치 공상소설을 읽는 착각마저 불러일으켰으며, 일란성 쌍둥이 문제를 들어 수태 순간 영혼주입설을 부정하는 진영이 그들의 주장에 별다른 반응을 보이지 않는 것도 같은 연유에서일 것이다.

심지어는 가톨릭 철학자들 사이에서도 헐쉬노브 부부의 주장에 딴지를 거는 경우를 보게 된다. 루(Mathew Lu)는 수정란에 두 영혼이 들어온다는 코흐의 주장을 "기이한 이론(outlandish theory)"으로 치부하며,[63] 미국가톨릭철학자협회(ACPA)로부터 '젊은 학자상'을 수상한 바 있는 에베를(Jason Eberl)은 성립 불가라며 일침을 놓는다. 헐쉬노브 부부의 주장을 들으며 필자도 '기이한 주장'이라는 생각을 거둘 수 없었다. 그 이유를 생각해보기로 하자.

4.7 재반론: 가당치도 않은 말을 끌어 붙인 견강부회(牽强附會)식 해석이다

가장 먼저 드는 의문은 코흐-헐쉬노브가 아퀴나스를 제대로 계승했는지다. 에베를이 직격탄을 날렸듯이 그녀의 주장은 하나의 이성적 영혼이 인간 유기체의 질료 하나를 실현시킨다는, 그리고 두 인간 유기체의 육체가 같은 공간을 점유할 수 없다는 아퀴나스의 주장에 반할뿐 아니라, 어떤 대상이 나뉘어질 수 있다는 것이 그 대상이 비록 같은 공간을 점유하더라도 이미 형이상학적으로 두 별개의 실체로 나뉘어졌다는 것을 의미한다는 것도 아퀴나스의 논리에 반한다.[64]

에베를이 "도로의 예로부터 두 유기체 또는 두 사람이 같은 공간을 점유할 수 있다는 결론을 얻을 수 없다"고 잘라 말했듯이,[65] 도로의 예도 엉성하기는 마찬가지다. 도로의 예가 성립한다고 해보자. 그래도 그로부터 얻을 수 있는 결론은 공존하는 두 배아가 있다고 가정했을 경우 두 영혼이 분리될 때 그들도 함께 분리되어 각기 실현될 가능성을 열어놔야 한다는 정도의 결론이다.

물론 코흐-헐쉬노브는 결합쌍둥이의 예를 들어 자신의 입장을 강화한다. 즉 결합 정도가 심한, 대뇌 아래의 전신을 공유하는 쌍두체 쌍둥이의 경우 하나의 유기체이지만 두 대뇌가 별개의 의식의 흐름을 가능케 하므로 두 사람(또는 인간)이 존재한다고 보아야 하며, 따라서 쌍두체 쌍둥이의 경우가 두 사람이 전배아의 물질적 차원을 공유한다는 데 신빙성을 더해 준다는 것이다.

하지만 결합 쌍둥이가 아닌 14일 이전에 분열된 쌍둥이의 경우 분열된 두 배아 중 어느 한 쪽을 분열 이전의 배아라고 할 수 있는 논거가 전무하다. 따라서 설명된 바와 같이 신을 부정하지 않으려면 수정란이 아닌 분열된 배아에 영혼이 들어온다고 보아야 하며, 같은 이유로 쌍두체 쌍둥이 역시 14일 이후의 어느 시점에 분열되며(비록 분열이 완전하게 이루어지지 않았지만) 두 영혼이 들어온다고 보는 것이 합리적일 수 있다.

보다 결정적인 물음은 두 영혼이 어떻게 하나의 동일한 질료를 실현시킬 수 있느냐이다. 아퀴나스의 질료형상론에 따르면 동종임에도 특정 개체로서의 정체성을 가질 수 있는 이유는 질료 때문이다. 그런데 어떻게 두 영혼이 하나의 동일한 질료를 실현시킬 수 있는가? 실현시킬 수 있다는 것은 질료가 특정 개체로서의 정체성을 가질 수 없다는 의미 아닌가?

코흐-헐쉬노브는 두 영혼이 하나의 질료를 중첩 실현시킨 것이 아니라고만 말할 뿐 그 메커니즘을 설명하지 못하며, 대신 인간의 영혼은 육체 없이도 존재할 수 있다는 데 의존해 쌍둥이로 분열될 때까지 일정 기간 동안 질료를 공유할 수 있다는 답변을 내놓는다.[66] 하지만 묻지 않을 수 없다. 인간의 영혼이 육체 없이 존재할 수 있다고 해도 두 영혼이 쌍둥이로 분열될 때 들어오지 않고 미리 들어와 분열되기 이전 시점까지 하나의 동일한 질료를 공유하는 이유 및 메커니즘이 무엇인가? 두 영혼이 하나의 질료를 중첩 실현시킨 것이 아니라면 어떻게 하나의 질료를 두 사람이 공유할 수 있는가? 코흐-헐쉬노브로서는 두 영혼이 하나의 질료를 중첩 실현시킨다고 할 수도 없고 실현시키지 못한다

1888년 어느 날 사진의 알로이스 히틀러(Alois Hitler)의 정자와 클라라 푈츨(Klara Poelzl)의 난자가 만난다. 그들 정자와 난자에 있는 핵이 융합되며 유전적 독자성을 획득한 수정란이 생겨났고, 그 수정란에 인간의 이성적 영혼이 들어오며 아돌프 히틀러(Adolf Hitler)가 독자적인 정체성을 갖고 존재하게 됐다는 것이 가톨릭의 주장이다. 아돌프 히틀러는 단생아로 태어났지만, 실제로는 14일 이전의 어느 시점에 쌍둥이로 분열됐고 분열된 두 배아가 다시 융합되어 단생아로 태어났을 가능성을 배제할 수 없다. 코흐-헐쉬노브가 주장하는 바와 같이 쌍둥이로 분열될 수정란에는 두 영혼이 들어온다면 분열된 두 배아가 다시 융합되며 그들 두 영혼은 어떻게 됐는가? 융합 문제에 대해서도 소설을 넘어선 수준의 답변이 가능할지 의문이다.[67]

고 할 수도 없는 진퇴양난에 빠질 수밖에 없다.

수정란에 두 영혼이 들어온다는 주장이 (가당치도 않은 이론을 끌어대 억지로 꾀맞춘) 견강부회(牽强附會)격 해석인 이유는 14일 미만의 배아, 즉 전배아의 개체형성능을 보아도 알 수 있다. 코흐-헐쉬노브는 인간 배아의 개체형성능이 밝혀진 바 없다고 주장한다. 하지만 '3.6.'에서 설명된 바와 같이 실험을 거듭하면 밝혀지는 것은 시간문제일 것이며, 그 날이 오면 코흐-헐쉬노브는 재앙적인 상황을 맞을 수밖에 없다.

설명된 바와 같이 고양이의 수정란에 인간의 영혼이 들어가지 않는 이유는 인간의 영혼이 활동하기에 적합하지 않은 질료이기 때문이라고 보아야 한다. 인간의 수정란과 어떤 차이가 있기에 고양이의 수정란은 인간의 영혼이 활동하기에 적합한 질료가 아닌가?

물론 그들 사이에 확연한 차이점이 존재한다. 고양이의 수정란은 38개의 염색체를 가진 반면 인간의 수정란은 46개의 염색체를 가졌다. 하지만 46개의 염색체를 가졌다는 이유로 인간의 수정란에 영혼이 들어온다고 할 수는 없다. 그래서는 우리 몸을 구성하고 있는 60조 개가 넘는 세포 모두에 영혼이 들어갈 가능성을 열어놔야 하기 때문이다. 즉, 인간의 수정란은 사람으로 성장할 잠재력을 지녔기 때문이라는 것이 수태 순간 영혼주입설 옹호론자로서 내릴 수 있는 가장 안전한 답변일뿐 아니라 영혼에 통시적 기능에도 부합한다. (고양이와 인간의 수정란 사이에 유전적인 차이점을 제외하면 잠재력 이외에 어떤 유의미한 차이점도 없다.)

문제는 여기서 시작된다. 수정란에 영혼이 들어가는 이유가

코흐-헐쉬노브의 주장은 끊임없이 의문점을 자아낸다. 그녀에 따르면 쌍둥이로 분열될 수정란에는 두 영혼이 들어오고 단생아로 성장할 수정란에는 하나의 영혼만이 들어온다. 단생아로 성장할 수정란이 수정을 통해 생겨났다고 해보자. 그런데 어떤 고약한 과학자가 16세포기에 16개의 세포 모두를 분리해 각기 배반포로 성장시켰다고 해보자. 이에 대해 어떤 설명이 가능한가? 전지전능한 신이 모든 것을 예측하고 수정란에 열여섯 영혼을 불어넣었었는가? 그래서 16세포기까지 열여섯 사람이 한 질료를 공유했었는가?

사람으로 성장할 수 있는 잠재력을 가졌기 때문이라고 해보자. 그렇다면 14일 미만 배아의 세포들 모두에 영혼이 들어가야 한다. 그들 세포 모두 사람으로 성장할 수 있는 잠재력인 개체형성능을 가졌기 때문이다. 즉, 수정란에 난할이 진행되며 하나의 영혼이 더 들어가고(또는 기존의 영혼은 없어지고 새로운 두 영혼이 들어가고), 다시 난할 현상이 일어나 4세포기에 접어들 때 2개의 영혼이 더 들어가며(또는 기존의 두 영혼은 사라지고 새로이 네 영혼이 들어가고), 또다시 난할 현상이 일어나 8세포기에 접어들 때 네 영혼이 더 들어가는 방식으로(또는 기존의 네 영혼은 사라지고 새로이 여덟 영혼이 들어가는 방식으로) 결국은 모든 세포들에 영혼이 들어간다고 보아야 한다.

정말로 14일 미만 시점에 세포수 많큼의 영혼이(무고한 사람이) 존재하다가 개체형성능을 잃게 되는 14일 시점에 그 많은 사람들이 모두 죽고 단생아로 출생한 한 명만이 생존하는가?

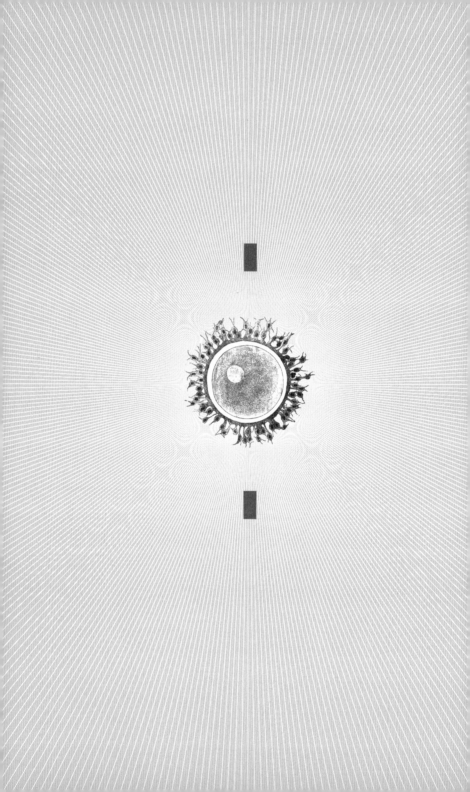

5 보수주의자들의 주장: 수정란은 성인이 될 수 있는 잠재력을 가졌기에 생명권을 가졌다

5.1 보수주의자들의 주장: 강한 잠재력 원리

생물학적 사실에 폐부를 찔린 수태 순간 영혼주입설의 운명을 확인할 수 있었다. 인간의 유전자를 가졌다거나 성인과 연속선상에 있다는 이유로 수정란에게 권리를 부여할 수 없다는 것도 알았다. 더욱이 성경은 인간 생명의 시작점에 대해 침묵한다. 보수주의자로서 이 난관을 어떻게 극복해야 하는가? 출구가 없는 것은 아니다. 철학자 이글레시아스(Teresa Iglesias)가 다음과 같이 지적했듯이 수정란은 잠재력이라는 여의주를 물고 있기 때문이다.

"성장조건만 주어지면 성인으로 성장할 잠재력을 가진 새로운 인간개체 유기체(human individual organism)가 수태 시에 수정이라는 과정을 통해 생겨난다는 것을 익히 알고 있다."[68]

임신을 지속하면 파멸에 이를 수밖에 없는 여성에게는 태아가 암적 존재일 수 있다. 그렇다고 태아와 암세포를 동일선상에 놓을 수는 없다. 암세포는 아무리 정성스레 키워도 사람이 될 수 없지만 수정란은 정상적인 성장 여건이 주어지면 사람이 될 수 있기 때문이다. 수정란은 암세포와 달리 잠재력을 가졌다는 뜻으로, 잠재력을 보수주의 논거로 활용하기 위해서는 잠재력의 성향을 파악해야 한다.

여러분이 보수주의자라고 해보자. 즉, 수정란 시점부터 태아를 보호해야 한다는 신념을 가졌다고 해보자. 잠재력이라는 원군을 얻었으므로 이제 그 원군을 활용할 전략을 세워야 한다. 하지만 여러분이 얻은 원군은 본대의 사기에 좌우되는 피동적인 성향의 원군이다. 따라서 본대의 화력으로 그들의 사기를 진작시키는 것이, 즉 성인이 가진 권리를 그들에게 부여하는 것이 그들을 활용할 수 있는 최선의 전략일 수 있다. 바로 여기서 보수주의자들의 염원이 담긴 논거 하나가 시작된다. 윌킨스(Burleigh Wilkins)나 버클(Stephen Buckle)과 같은 보수주의자에 따르면,

"태아는 수태시점부터 생명권을 가졌다. 왜냐하면 그 시점부터

잠재적인 사람이기 때문이다."[69] "수정란은 잠재적으로 우리와 똑같은 존재이다. 따라서 우리가 우리에게 부여한 권리나 다른 유형의 보호장치를 수정란에게도 부여해야 한다는 것을 부정할 수 없다."[70]

필자가 아는 한 보수주의자 대다수는 인간중심적 평등주의자(anthropocentric egalitarians)다. 즉, 인종에 무관하게 인간의 수정란은 권리를 가졌지만 두더지의 수정란은 물론 성체 두더지까지도 권리를 갖지 못했다는 것이 그들의 생각이다. 따라서 잠재력을 지녔다는 이유로 인간의 수정란에게 생명권을 부여하기 위해서는 성체 두더지와 달리 성인은 생명권을 가졌다고 보아야 하는 이유를 설명해야 한다.[71] (생명권 이외의 권리는 수정란과 초기배아에게 해당사항이 없으므로 생명권에 논의가 국한될 수밖에 없다.)

성인은 성체 두더지(바비인형, 비닐봉지…)가 갖지 못한 생명권을 가진 이유가 무엇인가? 답은 하나다. 성체 두더지가 갖지 못한 어떤 속성(들)을 가졌기 때문이라는 설명밖에는 가능하지 않다. 하지만 논의된 바와 같이 성인에게 생명권을 부여한 속성은 정신과 관계된 속성이라는 것이 문제다. 즉, 정신능력을 갖지 못한 수정란이 위의 속성들을 가졌을리 만무하다. 그런데도 수정란이 생명권을 가졌다는 것이 보수주의자들의 주장이며, 그 이유는 성인에게 생명권을 부여한 속성을 잠재적으로 보유했기 때문이라는 것이다.

수정란이 위의 속성을 잠재적으로 보유하고 있다는 것이 보수주의자로서는 행운이 아닐 수 없다. 툴리가 지적했듯이 성인에게 생명권을 부여한 속성을 특정하지 않고도 수정란의 생명권을 주장할 수 있기 때문이다.

> "보수주의 입장은 다음의 두 주장에 의존한다고 할 수 있다. 첫째, 구체적으로 어떤 속성인지를 특정할 수 없다고 해도 (i) 성인들이 보유했고, (ii) 어떤 유기체건 그것을 보유한 유기체에게 지엄한 생명권을 부여하는 속성이 존재한다. 둘째, 어떤 유기체가 어떤 속성을 잠재적으로 보유했다는 것이 그 유기체가 정상적인 성장과정을 밟으면 그 속성을 갖게 된다는 것을 의미한다고 할 때, (i)과 (ii)를 충족시키는 속성들이 있다면 적어도 그들 속성 중 하나는 그것을 잠재적으로 보유한 유기체는 단지 그 덕분에 현재에도 생명권을 가졌다고 보아야 하는 그러한 속성이다. 잠재력 원리라 부를 수 있는 둘째 주장이 보수주의자들에게는 결정적이다. 생명권을 부여하는 속성을 특정하지 않고도 자신들의 입장을 옹호할 수 있기 때문이다."[72]

툴리가 잠재력 원리(potentiality principle)라고 칭한, 보수주의자들에게 날개를 달아준, 보수주의의 마지막 보루이자 가장 강력한 보수주의 논거로 평가받고 있는 위의 원리를 '강한 잠재력 원리(strong potentiality principle)'라 부르기로 하자.

강한 잠재력 원리

성인에게 생명권을 부여한 속성을 어떤 대상이 잠재적으로 보유하고 있다면, 그 대상에게 현재에도 생명권이 있다.

미국의 법철학자 드워킨이 '파생주장(derivative claim)'이라고 표현했듯이,[73] 강한 잠재력 원리는 수정란을 죽이지 말아야 하는 이유를 성인의 생명권에서 찾는다. ('5.2.'에서 논의될 바와 같이 보수주의자들은 드워킨이 '이격주장[detached claim]'이라고 칭한 잠재력원리, 즉 성인의 생명권과 무관하게 수정란을 죽이지 말아야 한다는 버전의 잠재력 원리도 내놓는다.) 강한 잠재력 원리에 의존한 보수주의자들의 주장을 다음과 같이 정리해보자. ('강한 잠재력 논변[strong potentiality argument]'이라 부르기로 하자.)

강한 잠재력 논변

a. 성인에게 생명권을 부여한 속성을 어떤 대상이 잠재적으

로 보유하고 있다면, 그 대상에게 현재에도 생명권이 있다.

b. 수정란은 성인에게 생명권을 부여한 속성을 잠재적으로
   보유하고 있다.

   그러므로

c. 수정란에게 현재에도 생명권이 있다.

두더지의 수정란과 달리 인간의 수정란은 향후 어느 시점에

강한 잠재력 논변이 가진 함의에 주목해야 한다. 수정란에게 생명권이 있다면 그를
죽이는 것은 살인이다. 즉, 강한 잠재력 원리를 옹호한다는 것은 사후피임약을 복용
하는 여성들을 살인을 감수하는 사람들로 규정하는 것과 다르지 않다. 수태 순간 영
혼주입설을 주장하는 것도 같은 맥락으로 이해해야 하며, 인간의 유전자를 가졌다거
나 성인과 연속선상에 있다는 이유로 수정란의 생명권을 주장하는 것도 다르지 않다.

성인에게 생명권을 부여한 속성을 가질 수 있다. 즉, 'b'가 참임을 부정할 수 없다. 문제는 'a'(강한 잠재력 원리)이다. 성인에게 생명권을 부여한 속성을 잠재적으로 보유하고 있기에 수정란에게 현재에도 생명권이 있는가?

5.2 반론: 찰스 황태자는 잠재적인 국왕이지만 국왕의 권리를 갖지 못했다

강한 잠재력 원리는 잠재적인 속성을 실제적인 속성과 동일선상에 놓을 것을 요구한다. 성인에게 투표권을 부여한 속성을 돌쟁이가 잠재적으로 보유하고 있다. 그래서 돌쟁이에게 현재에도 투표권이 있는가? 철학자 벤(Stanley Benn)이 다음과 같이 지적했듯이 강한 잠재력 원리는 너무 나갔음에 틀림없다.

> "A에게 어떤 권리가 있는 이유가 속성 P를 가졌기 때문이라고 했을 때, B가 미래의 어느 시점에 P를 보유하게 될 것이라는 것으로부터 현시점에 B에게 그 권리가 있다는 결론이 도출되지 않는다. 그로부터 도출되는 결론은 P를 보유하게 될 시점에 그 권리를 갖게 될 것이라는 결론이다. 그가 잠재적인 P의 보유자인 것처럼 그는 잠재적인 권리 보유자다. 미국의 잠재적인 대통

령이 군 통수권자가 아니다."[74]

강한 잠재력 원리가 패착인 이유는 벤의 설명으로 알 수 있 듯이 논리적 오류를 범했다는 데 있다. 즉, '어떤 대상이 성인에 게 생명권을 부여한 속성을 갖게 될 것이다'는 전제로부터 얻을 수 있는 결론은 '그 대상이 현재에도 생명권을 가졌다'는 것이 아 닌 '그와 같은 속성을 갖는 시점에 그 대상은 생명권을 가질 것이 다'는 결론이다. 2004년 뉴욕타임스 선정 영향력 있는 77인의 철 학자에 이름을 올린 파인버그(Joel Feinberg) 역시 문제의 정곡을 찌른다.

"[미국의 제39대 대통령] 지미 카터는 6세였던 1930년에 자신 은 몰랐지만 잠재적인 미국의 대통령이었다. 하지만 그것이 미 육해군을 통솔할 권리를 부여하지 않았으며, 심지어 눈곱만큼 의 권리도 부여하지 않았다. [미국의 제32대 대통령] 프랭클린 루스벨트는 1930년에 대통령 당선을 2년 앞두고 있었고, 따라 서 어린 지미 카터보다 훨씬 강한 의미의(시간상으로 훨씬 가까 운) 잠재적인 미국 대통령이었다. 그럼에도 실제적인 대통령이 아니었고, 카터에게 공무상의 특권을 행사할 권리가 없었던 것 처럼 루스벨트에게도 그런 권리가 없었다."[75]

북한도 기념우표를 발행했을 정도로 찰스 황태자의 결혼식에 전 세계의 이목이 집중된 바 있다. 하지만 당시 찰스 황태자에게 영국 국왕의 권리가 있었다고 생각한 나라는 없었다. 더욱이 강한 잠재력 원리 옹호론자들의 주장대로라면 아이를 가진 부모들은 정부를 상대로 소송을 준비해야 한다. 아이는 태아였을 때부터 잠재적인 부모였고, 따라서 그 시점에도 부모의 권리가 있었지만 정부가 그 시점에 육아수당을 지불하지 않았기 때문이다.

동물해방론자로 유명한 철학자 싱어(Peter Singer)도 벤과 파인버그에 합류해 대세 굳히기에 들어간다.

"잠재적인 X에게 X와 동일한 가치가 있다거나 X가 가진 모든 권리가 있다는 규칙은 존재하지 않는다. 오히려 그 반대임을 말해주는 예가 무수히 존재한다. 도토리 새순을 뽑는 것과 기품 있는 떡갈나무를 베는 것이 같을 수 없다. 끓는 물에 닭을 산 채로 넣는 것이 유정란을 넣는 것보다 훨씬 나쁘다. 찰스 황태자는 잠재적인 영국의 왕이지만 현재 그에게 왕이 가진 권리가 없다."[76]

모르긴 몰라도 끓는 물에 닭을 산 채로 넣어본 강한 잠재력 원리 옹호론자는 없을 것이다. 하지만 강한 잠재력 원리가 옳다면 끓는 물에 닭을 산 채로 넣는 것과 유정란을 넣는 것이 차이가 없어야 한다. 그래서 유정란을 끓는 물에 넣은 적이 없는가?

5.3 보수주의자들의 답변 1:
도덕과 무관한 속성을 들어 유비관계를 주장할 수 없다

도토리의 새순을 뽑는 것과 기품 있는 떡갈나무를 베는 것을 동일선상에 놓을 수 없다. 따라서 싱어의 반론으로부터 강한 잠재력 원리를 지켜내기 위해서는 '싹이 튼 도토리/떡갈나무의 기품'과 '수정란/성인의 생명권' 사이의 유비관계를 부정해야 한다. 그리고 그러기 위해서는 떡갈나무를 품위 있게 만든 속성과 성인에게 생명권을 부여한 속성 사이의 차이점을 밝히는 것이 효과적일 수 있다. 두 속성 차이에 어떤 차이가 있는가?

무수한 속성들이 떡갈나무를 품위있게 만들었다. 하지만 그들 속성은 성인에게 생명권을 부여한 속성과 달리 도덕과 무관한 속성(nonmoral properties)이며, 여기서 강한 잠재력 원리 옹호론자들의 답변 하나가 시작된다. 즉, 그들에 따르면 떡갈나무를 품위 있게 만든 속성은 도덕과 무관한 속성이므로 싹이 튼 도토리에게 떡갈나무의 기품이 있다는 것은 논리적 오류지만, 성인에게 생명권을 부여한 속성은 도덕과 유관한 속성이므로 수정란에게 생명권이 있다는 것은 논리적 오류가 아니라는 것이다. 정말로 그런가?

5.4 재반론: 긁어 부스럼을 만드는 춘치자명(春雉自鳴)의 모양새다

강한 잠재력 원리 옹호론자로서는 한숨 돌릴 수 있는 기회를 잡았다. 하지만 앞길은 첩첩산중이다. 무엇보다도 도덕과 무관한 속성을 적용했을 때만 강한 잠재력 원리가 논리적 오류에 빠지는 이유를 설명해야 한다. 하지만 그것이 가능할지 심히 의문이며, 설령 가능하다고 해도 축배를 들기에는 이르다.

생선을 훔쳐 먹은 길고양이에게 도덕적 책임을 물을 수 없다. 세살배기가 남의 집에 불을 냈어도 마찬가지다. 하지만 성인이 생선을 훔쳐먹었거나 남의 집에 불을 냈다면 도덕적 책임을 면할 수 없다. 그 이유는 성인의 경우 고양이나 세살배기가 갖지 못한 어떤 속성(들)을 가졌기 때문이며, 성인에게 도덕적 책임을 부과한 속성은 도덕과 유관한 속성이다.

이제 수정란을 생각해보자. 수정란은 성인에게 도덕적 의무를 부과한 속성을 잠재적으로 보유하고 있다. 또한 그 속성은 도덕과 유관한 속성이다. 그래서 수정란이 현 시점에 도덕적 의무를 부과받았는가? 성인에게 생명권을 부여한 속성이 도덕과 유관한 속성이라는 이유로 수정란에게 생명권이 있다고 주장하기 위해서는 수정란에게 의무도 있다는 입장도 취해야 한다.[77] 수정란에게 어떤 의무가 있는가?

'수정란이 성인에게 도덕적 의무를 부과한 속성을 갖게 될 것이다'는 전제로부터 얻을 수 있는 결론은 '수정란이 현 시점에 도덕적 의무를 부과받았다'는 것이 아닌 '그와 같은 속성을 갖는 시점에 수정란은 도덕적 의무를 부과받을 것이다'는 결론이며,

이렇듯 도덕과 유관한 속성임을 강조하는 것은 오히려 '수정란은 성인에게 도덕적 권리를 부여한 속성을 갖게될 것이다'는 전제로부터 얻을 수 있는 결론은 '수정란에게 현 시점에도 도덕적 권리가 있다'는 결론이 아닌 '그와 같은 속성을 갖게 되는 시점에 수정란은 도덕적 권리를 갖게 될 것이다'는 결론임을 확인시켜주는, 마치 봄꿩이 스스로 울어 화를 자초하는 춘치자명(春雉自鳴)의 모양새다.

5.5 보수주의자들의 답변 2: 생명권과 다른 성격의 권리를 들어 유비관계를 주장할 수 없다

떡갈나무를 품위 있게 만든 속성은 도덕과 무관한 속성이라는 이유로 '싹이 튼 도토리/떡갈나무의 기품'과 '수정란/성인의 생명권' 사이의 유비관계를 부정할 수 없다면, 권리를 직접적으로 언급하고 있는 '6세의 카터/군 통수권('찰스 황태자/국왕의 권리'…)'과 '수정란/성인의 생명권' 사이의 유비관계는 어떠한가? 강한 잠재력 원리 옹호론자로서는 어떻게든 그들 사이의 유사성을 부정해야 하며, 그러기 위해서는 다음의 두 주장 중 하나로 포문을 열어야 한다.

첫째, 군 통수권과 생명권 사이에 유사성이 적다.

둘째, 잠재적인 미국 대통령의 잠재력과 잠재적인 사람의 잠재력 사이에 유사성이 적다.

첫째 주장을 생각해보자. 철학자 부닌이 지적했듯이, 군 통수권과 생명권 사이에는 확연한 차이점이 존재한다. 군 통수권은 미국 국민들에 의해 부여받은 관습적 권리(conventional right)인 반면 생명권은 자연권(natural right)으로 해석하고 있다. 또한 군 통수권은 한 사람에게 일시적으로 주어진 배타적 권리(exclusive right)이지만, 생명권은 누구나 평생 가지는 비배타적 권리(non-exclusive right)이다.[78] 이렇듯 군 통수권과 생명권의 유사성을 부정하는 것이, 따라서 '6세의 카터/군 통수권'과 '수정란/성인의 생명권' 사이의 유비관계를 부정하는 것이 강한 잠재력 원리 옹호론자들에게는 놓칠 수 없는 선택지일 수 있다.

둘째 주장은 어떠한가? 강한 잠재력 원리 옹호론자 입장에서 생각해보면, 어떻게든 잠재력의 의미를 타겟으로 삼아야 한다는 큰 그림을 그릴 수 있다. 그들 두 잠재력 사이에 의미상의 차이점이 존재한다면 '6세의 카터/군 통수권'과 '수정란/성인의 생명권' 사이에 유비관계를 흔들릴 수 있기 때문이다.

윌킨스에 따르면 수정란이 잠재적인 사람이라고 했을 때의 잠재력은 '사람이 되는 것이 가능하다'는 의미에 '사람으로 성장한다'는 의미가 더해진 강한 의미의 잠재력이다. 따라서 '6세의 카터/군 통수권'과 '수정란/성인의 생명권' 사이에 유비관계가 성립하기 위해서는 6세 카터의 잠재력도 이와 같이 강한 의미의 잠재력이라야 한다. 하지만 6세 카터의 잠재력은 단순히 '대통령이 되는 것이 가능하다'는 약한 의미의 잠재력이라는 것이, 즉 6세의 카터가 1930년에 잠재적인 미국 대통령이었다는 것은 카터가 대통령으로 성장한다는 의미가 아닌 미래의 어느 시점에 미국의 유권자들이 카터를 미국 대통령에 당선시키는 일이 발생할 것이라는 의미라는 것이 그의 설명이다.[79]

월키스의 주장이 성공적이기 위해서는 약한 의미의 잠재력을 가진 대상은 권리를 갖지 못했고 강한 의미의 잠재력을 가진 대상만이 권리를 가진 이유를 설명해야 한다.

"의사가 되는 과정을 잘 밟고 있는 의과 대학생은 강하고 적절한 의미에서의 잠재적인 의사임에 틀림없다. 물론 의사가 되지 않을 수도 있지만, 과정이 순조롭게 진행되고 있으며 목표달성을 눈앞에 두고 있다. 교수의 감독하에 제한된 방식으로나마 어떤 질병을 진찰하고 치료하는 데 참여할 권리를 가졌다. 물론 그의 권리는 제한된 것이지만 불완전하다는, 유사하다는, 약하다는 의미에서의 제한된 권리가 아니다."[80]

윌킨스에 따르면 의과대 학생이 잠재적인 의사라고 할 때의 잠재력은 '의사가 될 수 있다'는 의미에 '의사로 성장하고 있다'는 의미가 더해진 강한 의미의 잠재력이며, 마찬가지로 수정란이 잠재적인 사람이라고 했을 때의 잠재력은 '사람으로 성장할 수 있다'는 의미에 '사람으로 성장하고 있다'는 의미가 더해진 강한 의미의 잠재력이다. 따라서 의사의 권리인 질병을 진찰하고 치료하는 데 참여할 권리가 의과대 학생에게 있듯이 성인이 가진 생명권이 수정란에게도 있는 반면, 6세 카터가 잠재적인 대통령이라고 했을 때의 잠재력은 '대통령이 될 수 있다'는 약한 의미의 잠재력으로 대통령의 권리인 군 통수권이 6세 카터에게 없었다는 것이 그의 설명이다. 하지만 강한 의미의 잠재력을 가진 대상에게 권리가 있다고 보아야 하는 이유로 의과대 학생 예를 들었다는 데 대해 놀라움을 금할 수 없다.

5.6 재반론: 귀를 막고 바늘을 훔치는 엄이도령(掩耳盜鈴) 격 답변이다

군 통수권과 생명권 사이에 유사성이 떨어진다는 것을 부정할 수 없다. 즉, 앞서 언급한 두 주장 중 첫째 주장을 부정할 수 없다. 그렇기에 '6세의 카터/군 통수권'과 '수정란/성인의 생명권' 사이에 유비관계가 성립하지 않는가? 다음의 경우를 상상해보자.

어느 날 황무지에서 시계 하나를 주웠다. 호기심에 뚜껑을 열어보니 수많은 부품들이 시간을 재기에 적합하게끔 복잡 정교하게 맞물려 있었다. 정교함에 매료되었고, 그러던 중 한 가지 의문이 떠올랐다. 이토록 정교한 시계가 어떻게 생겨났느냐는 의문이었다. 탄생의 비밀을 풀기 위해 두 가지 가설을 세웠다. 하나는 바람에 날린 흙먼지가 오랜 시간 이슬에 응고돼 만들어 졌다는 것이었고, 또 하나는 지적인 시계공이 만들었다는 것이었다. 물론 첫째 가설을 정답으로 꼽을 사람은 없을 것이다.

이제 주변을 둘러보자. 은행나무, 잠자리, 고양이, 인간 등 온갖 유기체로 사방이 가득하다. 그들 역시 생존과 번식에 적합하도록 부분과 부분이 복잡 정교하게 맞물려 있다. 그리고 복잡 정교한 정도가 시계와는 비교가 되지 않는다. 자연철학자 팔리(William Palley, 1743~1805)가 유기체 탄생에 대한 판도라의 상자를 여는 순간이다. 지적인 시계공이 시계를 만들었다는 것을 인정한다면, 유기체 역시 지적인 디자이너가 만들었다는 것을(신이 창조했다는 것을) 인정해야 하기 때문이다.

아퀴나스가 제시한 일명 '디자인 논변(design argument for the existence of God)'의 팔리 버전을 각색한 것이다. 물론 무신론자들이 두고만 볼 리 없다. 시계와 유기체를 비교해보자. 팔리의 유비논증이 설득력을 갖기 위해서는 그들 사이에 유사성이 커야 한다. 하지만 시계는 영양, 운동, 생장, 증식을 하지 못할 뿐 아니라 철로 감싸져 있는 등 유기체와의 유사성이 현저히 떨어진다. 이런 이유로 팔리의 디자인 논변은 뭇매를 맞았으며, 심지어 영국의 대 철학자 흄(David Hume, 1711~1776)까지도 유사한 이유로 그를 홀대한 바 있다.

하지만 단순히 시계와 유기체 사이의 유사성에 초점을 맞춘 것은 번지수를 잘못 찾은 것이다. (증식을 하는지, 철로 감싸졌는지 등과 무관하게) 부품들이 시간을 재기에 적합하게끔 복잡 정교하게 맞물려 있다는 전제로부터 지적인 시계공이 시계를 만들었다는 결론을 얻을 수 있으므로, (증식을 하는지, 철로 감싸졌는지 등과 무관하게) 부분들이 생존과 번식에 적합하게끔 복잡 정교하게 맞물려 있다는 전제로부터 유기체를 지적인 디자이너가 만들었다는 결론을 얻을 수 있다는 것이 팔리의 주장이기 때문이다.

벤, 파인버그, 싱어의 주장으로 돌아가 보자. 군을 통솔할 권리와 생명권 사이의 유사성 여부에 초점을 맞춰서는 그들의 유비논증에 흠집을 낼 수 없다. 팔리의 디자인 논변과 마찬가지로, 군 통수권과 생명권의 성격과 무관하게 '카터와 루스벨트는 향후 어느 시점에 대통령이 될 것이다'는 전제로부터 '카터와 루스벨트는 대통령이 되는 시점에 대통령의 권리(군 통수권…)를 갖게 될 것이다'는 결론을 얻을 수 있으므로, '수정란은 향후 어느 시점에 사람이 될 것이다'는 전제로부터도 '수정란은 사람이 되는 시점에 사람의 권리(생명권 …)를 갖게 될 것이다'는 결론을 얻을 수 있다는 것이 그들의 주장이기 때문이다. 이렇듯 군 통수권과 생명권 사이에 유사성이 없다는 이유로 벤, 파인버그, 싱어의 주장을 부정할 수 없다고 보아야 한다.

"정의당 노회찬 의원은 문재인 정부의 적폐청산에 대해 "적폐는 중대한 범죄여서 봐줄 수 없고, 반드시 단죄해야 한다"고 말했다. 노 의원은 특히 "적폐청산이 정치보복이면 청소는 먼지에 대한 보복이냐"며 "더러우니까 청소하는 걸 보고, 쓰레기에 대한 보복이다, 휴지에 대한 보복이다 하는데, 그런 건 누가 만들었냐"고 꼬집었다." (충청일보, 2018. 01. 15) 2018년 여름 우리의 곁을 떠난 노회찬 의원이 유비논증의 진수를 보여주고 있다.

앞서 언급한 두 주장 중 둘째 주장은 어떠한가? 잠재적인 미국 대통령의 잠재력과 잠재적인 사람의 잠재력 사이에 유사성이 떨어지는가? 설명된 바와 같이 월킨스는 의과대 학생 예를 들어 약한 의미의 잠재력을 가진 존재에게 권리가 없는 이유와 강한 의미의 잠재력을 가진 존재에게 권리가 있는 이유를 설명한다. 하지만 이는 터무니없는 해석임에 틀림없다.

의과대 학생 예가 지금의 논의에 의의를 갖기 위해서는 무엇보다도 질병을 진찰하고 치료하는 데 참여하는 것이 의과대 학생의 권리어야 한다. 하지만 월킨스 저격수 레이먼(Jeffrey Reiman)이 지적했듯이 진찰과 질료에 참여하는 것이 교육과정에서 필수적이기 때문이지 권리를 가져서가 아니다. 제한된 방식으로나마 진료와 치료 과정에 참여할 권리가 있다는 주장도 도움이 되지 않는다. 의과대 학생이 진료와 치료 과정에 참여할 수 있는 것은 잠재적인 의사이기 때문이 아닌 불완전하지만 의사가 가진 능력을 습득했기 때문으로 보는 것이 누가 봐도 이치에 맞기 때문이다.[81] 월킨스가 의과대 학생 예로 자신의 주장을 정당화하려 한 것은 엄이도령(掩耳盜鈴), 즉 귀를 막고 방울을 훔치는 격이다.

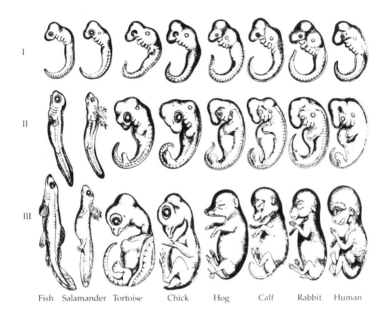

I

II

III

Fish Salamander Tortoise Chick Hog Calf Rabbit Human

보수주의자들에게 잠재력 원리는 동물의 태아에 대한 해법이기도 하다. 예컨대 돼지의 태아를 죽여도 되는 이유는 성인에게 권리를 부여한 속성을 미래의 어느 시점에도 가질 수 없기 때문이다. 하지만 어느 인간의 태아에게 출생 후 삼개월을 넘기지 못한다는 산전진단이 내려졌다고 해보자. 이와 같은 경우에도 낙태를 금지해야 한다는 것이 보수주의자들의 주된 견해이다. 그렇다면 출생 후 3개월을 넘기지 못하는, 따라서 성인에게 생명권을 부여한 속성을 미래의 어느 시점에도 가질 수 없는 인간의 태아에 대한 낙태도 허용해야 하는 것은 아닌가? 보수주의 논거로서의 잠재력 원리가 한계를 드러내는 또 다른 대목이다. 사진은 '20세기의 다윈'으로 불리는 마이어(Ernst Mayr)의 책에 실린 독일의 생물학자 헤켈(Ernst Haeckel)의 그림으로(1874), 왼쪽부터 어류, 도롱뇽, 거북, 닭, 돼지, 소, 토끼, 인간의 태아가 차례로 그려져 있다.

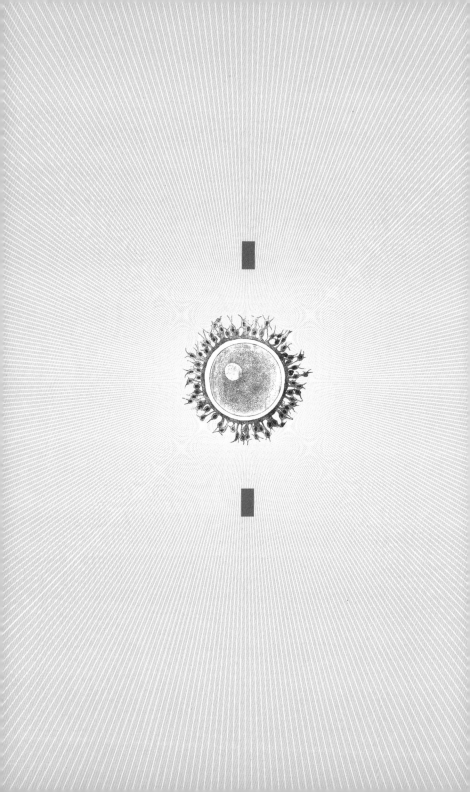

6 보수주의자들의 주장: 수정란의 잠재력을 차단하지 말아야 한다

6.1 보수주의자들의 주장: 약한 잠재력 원리

윌킨스 등의 보수주의자는 성인에게 생명권을 부여한 속성을 잠재적으로 보유하고 있다는 사실을 들어 수정란의 생명권을 주장한다. 법철학자 드워킨이 그들의 주장을 '파생주장'이라 이름 붙인 이유이다. 하지만 논의된 바와 같이 그들의 주장은 너무 나갔음에 틀림없다.

온건한 보수주의자로 눈을 돌려보자. 수정란의 잠재력을 활용하기 위해서는 파생 주장이 범한 논리적 오류를 피해가야 한다. 즉, 수정란을 죽이지 말아야 하는 이유를 수정란의 생명권에서 찾지 말아야 하며, 따라서 버클 등의 보수주의자는 생명권을 가졌는지에 무관하게 수정란의 잠재력을 차단하지 말아야 한다는 약화된 입장을 취한다.

"수정란이 우리와 꼭 같지는 않다고 했을 때 이는 아직까지는 꼭 같지 않다는 의미이다. 따라서 …수정란이 이성적이고 자의식을 가진 존재로 발달하는 자연적인 과정을 차단해서는 안 된다. …인간의 유전자를 가진 잠재적인 사람(potential human subject)은 인간의 유전자를 가진 실제적인 사람(actual human subject)처럼 대우해야 한다."[82]

드워킨이 '이격 주장'이라고 칭한 위의 주장 역시 잠재력을 가졌다는 이유로 수정란을 죽이지 말 것을 주문한다. 하지만 파생 주장과 달리 그 이유가 성인이 가진 생명권을 가졌기 때문이 아닌, 성인에게 생명권을 부여한 속성(들)이 발현되는 자연적인 과정을 보호받을 정도의 도덕적 지위를 가졌기 때문이라는 것이다.

위의 주장은 강한 잠재력 원리와 달리 논리적인 오류를 범하고 있지 않다. 즉, 'A가 향후 어떤 시점에 이성과 자의식을 갖게 될 것이다'는 전제로부터 'A가 이성과 자의식을 갖게 되는 자연적인 과정을 차단하지 말아야 한다'는 결론을 주장하는 것은 오류가 아니다. 위의 주장을 '약한 잠재력 원리(weak potentiality principle)'라 부르기로 하자.

약한 잠재력 원리

성인들이 보유한 속성들 중 생명권을 부여한 속성을 어떤 대상이 잠재적으로 보유하고 있다면, 그 속성을 갖게 되는 자연적인 과정을 차단하지 말아야 한다.

강한 잠재력 원리와 비교할 때 약한 잠재력 원리는 장단점을 모두 가졌다. 강한 잠재력 원리를 주장하기 위해서는(수정란에게 현재에도 생명권이 있다는 주장을 위해서는) 수정란에 영혼이 들어온다는 입장을 취해야 한다. 그리고 그러기 위해서는 코흐-헐쉬노브가 그랬듯이 수정란에 두 영혼이 들어온다는 입장을 취할 수밖에 없다. 하지만 논의된 바와 같이 어떤 식으로 그를 입증하려 해도 공상소설 그 이상의 감동을 줄 수 없다고 보아야 한다. 반면 약한 잠재력 원리를 주장하면 수정란에 영혼이 들어온다는 무리수를 둘 이유가 없다. 영혼을 받아들일 수 있는 질료로 성장할 수 있는 수정란의 잠재력을 차단하지 말아야 한다고 주장하면 그만이기 때문이다.

하지만 강한 잠재력 원리에 비해 약점도 가지고 있다. 강한 잠재력 원리가 옳다면 수정란에게 생명권이 있다고 보아야 한다.

따라서 수정란을 죽이는 것은 살인이고, 사후 피임약을 복용하는 것은 살인을 감수하는 것이다. 하지만 약한 잠재력 원리는 수정란의 생명권을 주장하지 않는다. 즉, 수정란을 죽이는 것이 살인은 아니므로 강한 잠재력 원리에 비해 임신부의 자기결정권(right to self-determination)을 우선적으로 존중해야 한다는 낙태찬성론자들의 주장에 취약할 수밖에 없다. (자기결정권 물음도 중요한 주제이나, 이 책의 주제에서 벗어나므로 그에 대한 논의는 생략하고자 한다.)

약한 잠재력 원리에 의존한 보수주의자들의 주장을 다음과 같이 정리해보자. ('약한 잠재력 논변[weak potentiality argument]'이라 부르기로 하자.)

약한 잠재력 논변

a. 성인에게 생명권을 부여한 속성을 어떤 대상이 잠재적으로 보유하고 있다면, 그 속성을 갖게 되는 자연적인 과정을 차단하지 말아야 한다.

b. 수정란은 성인에게 생명권을 부여한 속성을 잠재적으로 보유하고 있다.

그러므로

c. 수정란이 성인에게 생명권을 부여한 속성을 갖게 되는 자연적인 과정을 차단하지 말아야 한다.

결론인 'c'가 참이기 위해서는 'a'(약한 잠재력 원리)뿐 아니라, 'b'도(수정란이 잠재적인 사람이라는 것도) 참이라야 한다. 'b'가 참임을 부정할 수 없다. 'a'는 어떠한가?

강한 잠재력 논변이 설득력을 가진다고 해보자. 따라서 수정란에 생명권이 있다면, 임신부의 자기결정권과 어느 쪽이 앞서는지가 논의의 대상이 될 수 있다. 하지만 약한 잠재력 논변은 수정란의 생명권을 주장하지 않는다는 점에서 태생적인 한계를 안고 있다. 권리는 카드로 치면 으뜸패에 해당한다는 드워킨의 비유가 말해주듯이,[83] 그리고 사회학자 재스퍼와 넬킨이 권리를 "패할 수 없는 도덕의 으뜸패"로 정의했듯이,[84] 권리패 이외의 다른 패로는 권리에(임신부의 자기결정권) 대적하기에 역부족이기 때문이다.

6.2 반론: 툴리의 고양이 논변 도덕적 동등성 원리

불임의학연구소의 연구원이 인간을 대량복제한다는 야심찬 계획을 세웠다. 체세포핵치환 기법 대신 손 쉽게 다수를 복제할 수 있는 할구복제 방법을 택하기로 했다. 8세포기의 배아를 8등분해서 배반포로 성장시켰고, 따라서 8명의 대리모 자궁에 착상시켜 9개월만 기다리면 DNA가 일치하는 8명이 태어날 것이다. 하지만 대리모를 수소문하던 중 동료로부터 우려 섞인 충고를 듣는다. 신 노릇일 수 있다는 충고였다. 연구원은 고민 끝에 계획을 백지화하기로 한다. 하지만 여덟 배아의 처리 문제를 놓고 다시금 고민에 빠졌다. 그들의 잠재력을 차단하지 말아야 할 의무가 있지 않느냐는 의문 때문이었다. 우리에게 이와 같은 의무가 있다면 초기배아의 착상을 방해하는 노레보나 엘라원과 같은 사후피임약을 복용하는 여성은 비난을 각오해야 한다.

연구원이 고민 끝에 8배아를 대리모의 자궁에 각기 착상시켰다고 해보자. 이제 정상적인 성장 조건만 주어지면 8명의 사람이 태어날 것이다. 약한 잠재력 원리가 옳다면 그들의 잠재력을 차단하지 말아야 하며, 따라서 착상을 방해할 뿐 아니라 착상된 배아를 탈락시키는 사후피임약 미프진을 불허하는 우리의 정책이 옳다고 보아야 한다.

사후피임약을 복용한 여성은 의무를 저버렸고, 그래서 비난

받아 마땅한가? 여기가 툴리를 주목해야 하는 대목이다. 그가 화제의 논문 「낙태와 영아살해(Abortion and Infanticide)」에서 잠재적인 사람을 파기하는 것과 난자를 수정시키지 않는 것 사이에 차이가 없다는 해법을 내놓음으로써 약한 잠재력 원리에 차디찬 메스를 가했기 때문이다.

> "의도적으로 난자를 수정시키지 않는 것이 심각하게 그르다고 할 수 없으므로, 잠재적인 사람을 파기하는 것도 심각하게 그르다고 할 수 없다."[85]

금욕을 하는 배란기의 여성을 비난하는 것은 누가 봐도 어불성설이다. 따라서 난자를 수정시키지 않는 것과 잠재적인 사람을 파기하는 것 사이에 차이가 없다는 툴리의 주장이 옳다면 약한 잠재력 원리는 폐기처분해야 한다. 어떤 근거로 둘 사이에 차이가 없다는 건지 툴리로부터 그 이유를 들을 차례다.

툴리는 어떤 대상이 (적극적인 잠재력이건 소극적인 잠재력이건 간에) 사람이 될 수 있는 잠재력을 가졌다는 것이 그 대상의 도덕적 지위를 보장하지 못한다고 주장함으로써 강한 잠재력 원리를 부정하고, '작위와 부작위에 관한 도덕적 동등성 원리(moral symmetry principle with respect to action and inaction)'라고 칭한 다음의 원리로 약한 잠재력 원리를 부정하기 위한 포석을 깐다. ('도덕적 동등성 원리[moral symmetry principle]'로 줄여 부르기로 하자.)

도덕적 동등성 원리

"C는 결과 E로 이어지는 인과과정, A는 C를 유발하는 행위, B는 E가 발생하기 전에 C를 멈추게 할 최소한의 에너지가 소모되는 행위라고 했을 때, 그리고 A와 B는 E 이외에 다른 결과를 초래하지 않으며, E가 C의 유일한 도덕적으로 유의미한 결과라고 했을 때,

동일한 동기(motivation)에서 의도적으로 B를 하는 것과 의도적으로 A를 하지 않는 것이 도덕적으로 차이가 없다."[86]

도덕적 동등성 원리는 몇 가지 조건이 충족되면 '의도적으로 B를 하는 것'과 '의도적으로 A를 하지 않는 것'이 도덕적으로 차이가 없다고 말한다. (툴리가 말하는 동기는 발생적 의미의 동기[occurrent sense of motive]라 불리는 특정 행위를 선택하게 된 이유 및 선택 그 자체의 의미로서의 동기, 즉 목적을 나타내는 의미로서의 동기로 해석할 수 있다.[87]) 하지만 도덕적 동등성 원리를 정확히 이해하기 위해서는 그 적용 범위가 이들 두 행위에 국한되지 않는다는 데 유의

해야 한다. 툴리가 제시한 다음의 예를 생각해보자.

존스 1: 지뢰가 매설된 곳으로 스미스가 걸음을 옮기고 있다. 경고 한마디로 스미스를 살릴 수 있는데도 존스는 경고는커녕 행복한 미소를 머금었다. "직접 죽이는 번거로움을 덜 수 있게 됐군. 이렇게 운이 좋을 수가!" 스미스는 지뢰를 밟아 즉사했다.

존스 2: 존스는 스미스가 죽길 바란다. 스미스를 정조준해 방아쇠를 당겼고, 총탄이 심장을 관통해 스미스가 즉사했다.[88]

존스 1은 스미스의 죽음으로 이어지는 인과과정을 차단하지 않은 반면, 존스 2는 스미스의 죽음으로 이어지는 인과과정을 유발했다. 툴리가 그들이 도덕적으로 거기서 거기라고 진단했듯이, 도덕적 동등성 원리에 따르면 ('의도적으로 B를 하는 것'과 '의도적으로 A를 하지 않는 것'뿐 아니라) '의도적으로 B를 하지 않는 것'과 '의도적으로 A를 하는 것' 사이에도 도덕적인 차이가 없다.

물론 그와 같이 보기 위해서는 몇 가지 조건들이 충족되야 한다는 것이 툴리의 생각이다. 그는 그들 조건으로 '최소한의 에

너지로 A를 할 수 있는데도 하지 않아야 한다'는, 'A를 하지 않는 동기와 B를 하는 동기가 같아야 한다'는, 'A와 B는 E 이외에 다른 유의미한 결과를 초래하지 않아야 한다'는 세 조건을 제시하며, 「낙태와 영아살해」이후의 논문에서 죽이는 행위를 죽게 방치하는 행위보다 나쁘게 만드는 요소들이 존재한다는 주장과 함께 그들 요소로 다음의 요소들을 지목함으로써 도덕적 동등성 원리의 조건 하나를 추가한다.

첫째, 죽이는 경우는 보통의 경우 피해자가 죽기를 바라서 그러는 반면, 죽게 방치하는 경우는 보통의 경우 게으름, 이기심에서 그런다. 즉, 일반적으로 누군가를 죽인 사람의 동기가 죽게 방치한 사람의 동기보다 나쁘며, 따라서 일반적으로 죽게 방치하는 것보다 죽이는 것이 더 심각하게 나쁘다. 둘째, 죽게 방치하지 않으면 상당한 위험을 감수해야 하거나 상당한 사회적 비용이 들 수 있지만, 죽이지 않는다고 해서 그와 같은 위험이나 비용을 감수해야 하는 경우는 거의 없다. 셋째, 누군가를 죽음에 이르게 하는 행위를 했을 경우 피해자가 생존할 가능성이 거의 없지만, 누군가를 죽게 방치했을 경우는 어떤 다른 요인으로 그 사람이 종종 생존한다.[89]

이렇듯 툴리는 죽이는 행위를 죽게 방치하는 행위보다 나쁘게 만드는 요소로 '동기', '비용', '확률'을 지목하며, 이들 중 동기와 비용은 도덕적 동등성 논변에 담긴 조건이므로('최소한의 에너지가 소모되는 행위' 조건을 비용 조건으로 이해할 수 있다.) 새로 추가된 '확률' 조건을 더해 도덕적 동등성 원리에 담긴 조건들은 다음의 네 조건으로 정리될 수 있다.

- A를 하거나 하지 않는 데(B를 하거나 하지 않는 데) 따르는 위험 또는/그리고 사회적 비용이 크지 않다.
- A와 B는 E 이외에 다른 유의미한 결과를 초래하지 않는다.
- A를 하지 않는 동기와 B를 하는 동기(A를 하는 동기와 B를 하지 않는 동기가) 같다.
- A를 하지 않으면 E가 발생하지 않을 확률과 B를 하면 E가 발생하지 않을 확률이(A를 하면 E가 발생할 확률과 B를 하지 않으면 E가 발생할 확률이) 같다.

도덕적 동등성 원리는 위의 네 조건이 충족된다면 '의도적으로 A를 하지 않는 것과 의도적으로 B를 하는 것'이 그리고 '의도적으로 A를 하는 것과 의도적으로 B를 하지 않는 것'이 도덕적으로 차이가 없다는 주장으로 정리될 수 있다. 즉, 도덕적 동등성 원리에 따르면 다음의 명제가 참이다.

a. 동일한 결과로 이어지는 인과과정을 유발하지 않는 것과
차단하는 것 사이에 도덕적인 차이가 없다.

위의 명제를 확보했으므로 툴리로서는 잠재력 원리를 부정
할 수 있는 기틀을 마련한 셈이다. 따라서 위의 명제에 의존해 잠
재력 원리를 부정하기 위한 본격적인 행보에 들어간다.

도덕적 동등성 원리와 새끼 고양이의 잠재력

툴리가 제안한 사유실험을 생각해보자.

> "갓 태어난 고양이의 뇌에 주사하면 성인의 뇌와 유사한 뇌를
> 가진 고양이로 성장케 하는 화학물질이 미래의 어느 시점에 발
> 견됐다고 해보자. 화학물질을 맞은 갓 태어난 고양이는 생각하
> 고 언어를 구사할 수 있는 등 성인이 가진 모든 정신능력과 특
> 성을 가진 고양이가 될 것이다."[90]

갓 태어난 고양이는 성인에게 생명권을 부여한 속성을 갖
지 못했다. 따라서 툴리에 따르면 그에게 생명권이 없으며, 화학
물질을 주사하면 생명권을 가진 존재로 성장할 수 있다는 사실

이 주사를 맞지 않은 상태에서도 생명권이 있다는 것을 보여주지 못한다. 즉, 갓 태어난 고양이에게 고양이사람으로 성장케 하는 인과과정을 유발하지 않고(화학물질을 주사하지 않고) 죽이는 것을 심각하게 그르다고 할 수 없다.[91]

    b. 갓 태어난 고양이에게 성인의 뇌를 가진 고양이로 성장할 수 있는 잠재력을 부여하지 않고 죽이는 것이 심각하게 그르다고 할 수 없다.

바로 여기가 도덕적 동등성 원리 포석이 빛을 발하는 대목이다. b가 참이므로 도덕적 동등성 원리에 따라 갓 태어난 고양이의 성인의 뇌를 가진 고양이로 성장할 수 있는 잠재력을 차단하는 것이 심각하게 그르다고 할 수 없다는 결론을 얻을 수 있기 때문이다. "실수로 갓 태어난 고양이의 뇌에 화학물질을 주사했다고 해보자. 성인에게 생명권을 부여한 속성이 아직 발현되지 않았다면 그 속성이 발현되는 인과과정을 차단해 그를 갖지 못하게 하는 것이 그르다고 할 수 없다. 중화제를 주사하거나 죽임으로써 위의 인과과정을 차단할 수 있다."[92]

    c. 성인의 뇌를 가진 고양이로 성장할 수 있는 잠재력을 가

진 갓 태어난 고양이를 죽임으로써 그 잠재력을 차단하는 것이 심각하게 그르다고 할 수 없다.

화학물질을 주사한 갓 태어난 고양이와 인간의 태아(수정란)을 비교해보자. 둘 모두 성인에게 생명권을 부여한 속성을 갖지 못했지만 향후 어느 시점에 그와 같은 속성을 갖게 될 것이다. 전자의 경우 화학물질을 주사 맞은 시점에 잠재력을 갖게 된 반면 후자의 경우는 유기체로서 존재한 시점부터 잠재력을 가졌다는 것이 유일한 차이점이다. 하지만 툴리에 따르면 그것이 도덕적으로 유의미한 차이점일 수 없다.

    d. 성인의 뇌를 가진 고양이로 성장할 수 있는 잠재력을 가진 갓 태어난 고양이와 수정란 사이에 유의미한 차이가 없다.

이제 잠재력 원리가 부정된 셈이다. 다음과 같이 수정란을 죽임으로써 성인의 뇌를 가진 존재로 성장할 수 있는 잠재력을 차단하는 것이 그르지 않다는 결론에 이를 수 있기 때문이다.

고양이 논변

a. 동일한 결과로 이어지는 인과과정을 유발하지 않는 것과 차단하는 것 사이에 도덕적인 차이가 없다.

b. 갓 태어난 고양이에게 성인의 뇌를 가진 고양이로 성장할 수 있는 잠재력을 부여하지 않고 죽이는 것이 심각하게 그르다고 할 수 없다.

c. 성인의 뇌를 가진 고양이로 성장할 수 있는 잠재력을 가진 갓 태어난 고양이를 죽임으로써 그 잠재력을 차단하는 것이 심각하게 그르다고 할 수 없다. (a와 b로부터)

d. 성인의 뇌를 가진 고양이로 성장할 수 있는 잠재력을 가진 갓 태어난 고양이와 수정란 사이에 유의미한 차이가 없다.

그러므로

e. 수정란을 죽임으로써 성인의 뇌를 가진 존재로 성장할 수 있는 잠재력을 차단하는 것이 그르지 않다. (c와 d로부터)

툴리 특유의 발 빠른 행마로 약한 잠재력 원리는 절체절명의 위기에 직면했다. 고양이 논변이라는 대마를 잡아야만 기사회생의 기회를 잡을 수 있지만 과연 그것이 가능할지, 대마불사(大馬不死)라는 바둑의 격언이 떠오른다.

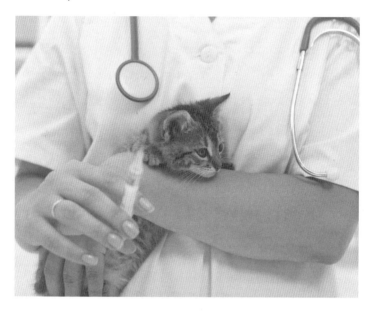

"마이클 툴리의 「낙태와 영아살해」가 철학과 사회문제(Philosophy and Public Affairs)의 지면을 통해 세상에 나온지 40여 년이 흘렀건만 관심은 아직도 가히 폭발적이다. 수많은 선집에 재수록됐고 그에 대한 공방이 식을 줄 모른다. 낙태에 대한 철학적 논의에 지대한 영향을 끼쳤으며, 부차적인 논제, 특히 잠재력에 관한 논의에 끼친 영향력도 실로 막대하다." 철학자 랭(Gerald Lang)이 근간에 툴리를 평가한 내용이다.[93] 앞서 논의된 바 있는 가톨릭 철학자 에베를 역시 "툴리가 잠재력 논변에 대해 최초로 그리고 가장 강력한 반론을 제시했다"고 평가한다.[94]

6.3 고양이 논변을 위한 변론
죽임/죽게 방치함, 적극적/소극적 의무

1964년 3월 13일 새벽, 선술집 매니저 일을 마친 제노비스(Catherine Genovese)가 뉴욕 퀸스에 소재한 자신의 아파트 현관으로부터 30미터 떨어진 곳에 주차를 마친 때였다. 자신을 응시하고 있는 한 남자가 그녀의 눈에 들어온다. 위험을 직감하고 주차장을 가로질러 현관으로 뛰어갔으나 뒤쫓아온 남자가 몸을 날려 그녀를 쓰러뜨린 후 흉기로 등을 두 차례 찌른다. 비명소리로 이웃 창문들에 불이 켜졌고 한 이웃이 그녀를 놓아주라고 소리치자 남자는 황급히 자리를 피한다. 하지만 불이 다시 꺼지고 나와 보는 사람이 없자 5분 후 돌아와 현관 근처까지 기어간 그녀에게 마음 놓고 흉기를 휘두른다. 차로 현장을 벗어났지만 욕심을 채울 목적으로 되돌아와 현관까지 기어간 그녀를 폭행하고 49달러를 빼앗은 후 재차 찔러 살해한다. 38명의 이웃들이 그 광경을 지켜보고 있었으나 경찰에 신고한 사람은 프랑스에서 이민온 한 여성뿐이었으며, 그나마 처음 공격을 당한 시점으로부터 30분 이상 경과된 후였다. 신고 2분 만에 경찰이 도착했지만 17곳을 찔린 제노비스는 병원으로 이송되는 도중 숨을 거둔다. (사건을 처음 보도한 '뉴욕타임즈'의 기사가 왜곡됐다는 주장이 제기된 바 있지만 모두가 사실이었다고 해보자.)

제노비스의 죽음을 방관한 38명이 비난 대상이라는 것은 불문가지이다. 문제는 그들에게 가해야 하는 비난의 수위다. 그래도 괴한보다는 그 수위가 낮아야 한다면 이유가 무엇인가? 죽이는 것(killing)을 죽게 방치하는 것(letting die)보다 나쁘게 만드는 요소들이 존재해서인가? 아니면 죽이는 것이 죽게 방치하는 것보다 본래적으로 나빠서인가?

툴리로서는 죽이는(누군가의 죽음으로 이어지는 인과과정을 유발하는) 행위가 죽게 방치하는(누군가의 죽음으로 이어지는 인과과정을 차단하지 않는) 행위보다 본래적으로 나쁠 가능성을 차단해야 한다. 전자의 행위가 후자의 행위보다 본래적으로 나쁘다면 도덕적 동등성 원리는 허구로 보아야 하며, 따라서 약한 잠재력 원리에 대한 공세는 무위로 끝날 수밖에 없기 때문이다. 다시 말해 도덕적 동등성 원리가 생존하기 위해서는 다음의 명제가 거짓이라야 한다.

- 죽이는 것이 죽게 방치하는 것보다 본래적으로 나쁘다.

설명된 바와 같이 툴리는 죽이는 행위를 죽게 방치하는 행위보다 나쁘게 만드는 요소로 동기, 비용, 확률을 지목한다. 툴리의 주장대로 전자를 후자보다 나쁘게 만드는 요소들이 존재한다면 위의 명제는 거짓으로 보아야 한다.

다음의 경우를 생각해보자. MkMk 혈액형의 심장병 환자가 뇌사상태의 장기기증자를 찾지 못해 목숨이 경각에 달렸다. 하지만 수일 내에 같은 혈액형의 기증자를 찾는 것은 사실상 가능하지 않다. 그러던 중 주치의는 우연히 감기로 내원한 환자의 혈액형이 MkMk인 것을 알게됐다. 심장을 기증할 의사가 없느냐고 물었지만 부정적인 답변이 돌아오자 강제로 심장을 적출해 심장병 환자에게 이식했다.

의사가 황당한 짓을 했다는 것은 두말할 나위가 없으며, 위의 명제가 그렇게 보아야 하는 이유에 대한 설명이 될 수 있다. 심장을 적출하는 것은 감기 환자를 죽이는 것이고 적출하지 않는 것은 심장병 환자를 죽게 방치하는 것이므로, 위의 명제가 참이라면 심장을 적출하지 말아야 하기 때문이다.

물론 다른 설명도 가능하다. 타인을 도와야 할 '적극적인 의무(positive duty)'와 타인에게 해를 입히지 말아야 할 '소극적인 의무(negative duty)' 중 후자의 의무가 더 엄중하다는 여류철학자 풋(Philippa Foot)의 해법이 설득력을 갖는다고 해보자.[95] 심장을 적출하는 것은 감기 환자에게 해를 입히지 말아야 할 소극적인 의무를 저버리는 것인 반면, 적출하지 않는 것은 심장병 환자를 도와야 할 적극적인 의무를 저버리는 것이다. 따라서 풋의 해법을 적용하면 심장을 적출하지 말아야 한다는 상식적인 답변을 얻을 수 있다.

풋의 해법 역시 도덕적 동등성 원리에 직격탄일 수밖에 없다. 그녀의 해법이 옳다면 누군가의 죽음으로 이어지는 인과과정을 유발하지 말아야 할 의무가 누군가의 죽음으로 이어지는 인과과정을 차단해야 할 의무보다 엄중하기 때문이다. 이렇듯 도덕적 동등성 원리가 생존하기 위해서는 다음의 명제도 거짓이라야 한다.

- 적극적인 의무보다 소극적인 의무가 엄중하다.

죽이거나 죽게 방치하거나 양자 택일을 해야 하는 경우를 놓고는 '죽이는 것이 죽게 방치하는 것보다 본래적으로 나쁘다'는 해법과 '소극적인 의무가 적극적인 의무보다 엄중하다'는 해법 어느 쪽에 의존하건 동일한 결론을 내릴 수 있다. 하지만 후자의 해법이 적용 범위가 넓다는 데 주목해야 한다. 즉, 후자의 해법은 전자의 해법과 달리 단순히 도와주거나 해를 끼치거나 양자택일을 해야 하는 경우에도 적용 가능하다.

지하철에서 졸고 있는 갑수를 오른편에 앉은 사람이 흔들어 깨웠다. 그러고는 껌을 뱉고 싶은데 열차에 휴지통이 있느냐고 물었다. 없다고 답변했지만 그의 불편함을 외면할 수 없어 손에 껌을 받아 왼편에 앉은 사람의 팔뚝에 붙였다. 갑수가 오른편에 앉은 사람의 불편함을 덜어준 것 맞다. 그럼에도 그의 행동이 부적절했다고 보아야 하며, 그 이유에 대해 타인에게 해를 끼치지 말아야 할 소극적인 의무를 저버리고 타인을 도와야 할 적극적인 의무를 이행했기 때문이라는 설명이 가능하다.

도덕적 동등성 원리의 적용 범위 역시 죽이거나 죽게 방치하는 경우에 국한되지 않으므로, 도덕적 동등성 원리와 적극적인 의무보다 소극적인 의무가 엄중하다는 풋의 해법 중 어느 쪽이 설득력을 갖는지 생각해보자. ('죽이는 것이 죽게 방치하는 것보다 본래적으로 나쁘다'는 명제가 거짓인 이유는 필자의 『형사법과 살해의도』4장을 참고하기 바란다.)

도덕적 동동성 원리 vs. 적극적/소극적 의무

툴리의 존스 예를 다시 생각해보자. 존스 1은 (타인을 도와야 할) 적극적인 의무를 저버린 반면, 존스 2는 (타인에게 해를 끼치지 말아야 할) 소극적인 의무를 저버렸다. 따라서 '적극적인 의무와 소극적인 의무 중 후자의 의무가 더 엄중하다'는 풋의 해법을 적용하면 존스 1이 존스 2보다 덜 나빠야 한다.

반면 도덕적 동등성 원리를 적용하면 그들 사이에 차이가 없다는 결론에 이른다. 결과, 확률, 비용 조건 모두를 충족시키며, 같은 동기에서 존스 1은 스미스의 죽음으로 이어지는 인과과정을 의도적으로 차단하지 않았고, 존스 2는 스미스의 죽음으로 이어지는 인과과정을 의도적으로 유발했기 때문이다.

두 해법 중 어느 해법이 옳은가? 답은 명확하다. 존스 1이나 존스 2나 거기서 거기, 도긴개긴이라는 데 이견이 있을 수 없다. 즉, 존스 예를 놓고는 도덕적 동등성 원리의 완승으로 끝났다고 보아야 한다. 혹여 존스 2가 더 나쁘다는 생각을 지울 수 없다면 그 이유가 스미스에 대한 정보 부족 때문일 수 있다. 예컨대 존스 1이 살리지 않은 스미스는 악명 높은 테러리스트인 반면, 존스 2가 죽인 스미스는 유엔평화유지군이라면 마땅히 두 존스를 달리 취급해야 한다. 하지만 지금의 논의에서는 그럴 가능성을 차단해야 한다. 툴리가 도덕적 동동성 원리를 제시하며 두 행위에서 모두 문제의 결과가 도덕적으로 유의미한 유일한 결과라야 한다는 조건을 내걸었기 때문이다.

여류철학자 맘(Heidi Malm)이 제안한 사유실험에서와 같이 피해자가 아이일 경우를 비교해보면 불필요한 오해를 줄일 수 있다.

"아이를 압사케 하는 기계가 장착된 방에 존이 우연히 들어갔다. 그 기계에 한 아이가 갇혀 있었고, 기계가 막 작동을 시작한 상태이다. 존은 버튼을 누르면 기계가 작동을 멈춘다는 것을 알고 있다. 하지만 인간이 얼마나 납작하게 되는지, 궁금증을 해소하기 위해 버튼을 누르지 않았다."[96]

"아이를 압사케 하는 기계가 장착된 방에 스미스가 우연히 들어갔다. 그 기계에 한 아이가 갇혀 있었고, 오작동으로 기계는 멈춘 상태다. 버튼을 누르면 기계가 재작동된다는 것을 스미스가 알고 있다. 하지만 인간이 얼마나 납작하게 되는지, 궁금증을 해소하기 위해 버튼을 눌렀다."[97]

존이 스미스보다 덜 나쁘다는 것은 누가 봐도 어불성설이다. 하지만 도덕적 동등성 원리를 적용했을 때와 달리 풋의 해법을 적용하면 적극적인 의무를 저버린 존이 소극적인 의무를 저버린 스미스보다 덜 나쁘다고 보아야 한다. 다음의 경우는 어떠한가?

'서울 서남부 지역 연쇄 살인마'로 불린 정남규는 조사 과정에서 "1,000명을 죽여야 하는데 채우지 못하고 잡힌 게 억울하다"며 탄식한 바 있다. 정남규가 롤모델인 을수가 995번째 살인을 저지른 후 철로변에서 휴식을 취하던 중 브레이크가 파열된 채 질주하는 화차를 목격하고 얼굴에 미소를 숨기지 못한다. 5명의 철로점검원이 비상철로의 협소한 곳에서 작업 중에 있었고, 따라서 선로전환기의 버튼을 눌러 화차의 방향을 전환시키면 1,000명 살인 목표를 달성할 수 있었기 때문이다. 을수가 의도적으로 선로전환기의 버튼을 눌렀다.[98]

정남규가 롤모델인 병수가 995번째 살인을 저지른 후 철로변에서 휴식을 취하던 중 브레이크가 파열된 채 질주하는 화차를 목격하고 얼굴에 미소를 감추지 못한다. 전방의 협소한 지형에서 5명의 철로점검원이 작업 중에 있었고, 따라서 힘들이지 않고 1,000명 살인 목표를 달성할 수 있었기 때문이다. 선로전환기를 작동시켜 화차의 방향을 비상철로로 전환시키면 5명의 철로점검원이 화를 면할 수 있는데도 의도적으로 선로전환기의 버튼을 누르지 않았다.

유영철, 강호순과 같은 자가 아니라면 을수와 병수 모두 비난대상이라는 데 이견을 보이지 않을 것이다. 문제는 비난의 수위다. 을수는 소극적인 의무를 저버렸고 병수는 적극적인 의무를 저버렸다는 것 이외에 그들 사이에 차이점을 발견할 수 없다. 따라서 소극적인 의무가 적극적인 의무보다 도덕적으로 엄중하다는 뜻의 해법을 적용하면 병수가 덜 나쁘다고 보아야 한다. 반면,

도덕적 동등성 원리를 적용하면 을수나 병수나 거기서 거기라는 상식적인 답변을 얻을 수 있다.

현실 문제인 인공호흡기를 제거하는 행위와 부착하지 않

사진작가 정수가 철로 위에서 잠이든 취객을 발견했다. 사고를 당하는 모습을 사진에 담을 욕심으로 취객을 철로 변으로 옮기지 않아 취객이 기차에 치여 사망했다. 사진작가 무수가 철로에서 10m 떨어진 곳에서 잠이 든 취객을 발견했다. 사고를 당하는 모습을 사진에 담을 욕심으로 취객을 철로 위로 옮겨 놓아 취객이 기차에 치여 사망했다. 풋의 해법을 적용하면 적극적인 의무를 이행하지 않은 정수가 소극적인 의무를 이행하지 않은 무수보다 덜 나쁘다는 반직관적인 결론을 내려야 한다. 반면, 도덕적 동등성 원리를 적용하면 취객의 죽음으로 이어지는 인과과정을 차단하지 않은 정수나 취객의 죽음으로 이어지는 인과과정을 유발한 무수나 거기서 거기라는 상식적인 답변을 얻을 수 있다.

는 행위를 비교해보면 도덕적 동등성 원리의 손을 들어줘야 하는 이유가 보다 명확해진다. '적극적인 의무와 소극적인 의무 중 후자의 의무가 더 엄중하다'는 풋의 해법을 적용해보자. 인공호흡기에 의존하지 않으면 생존이 가능하지 않을 정도로 삶이 질이 저하된 회복불능의 환자가 그 대상이다. 그와 같은 환자의 생명을 유지시키는 것이 당사자에게 해가 된다고 해보자. 그렇다면 '적극적인 의무와 소극적인 의무 중 후자의 의무가 더 엄중하다'는 풋의 해법은 해결책이 될 수 없다. 인공호흡기를 부착하지 않는 것과 제거하는 것 모두 적극적인 의무를 이행하는 것이기 때문이다.

반면 그와 같은 환자의 생명을 유지시키는 것이 당사자에게 이익이라고 해보자. 그렇다면 인공호흡기를 제거하는 것(소극적인 의무를 저버리는 것)이 인공호흡기를 부착하지 않는 것(적극적인 의무를 저버리는 것)보다 나쁘다는 반직관적인 결론을 내릴 수밖에 없다. 하지만 도덕적 동등성 원리를 적용하면 그들 두 행위를 차별할 수 없다. 즉, 생명을 유지하는 것이 환자에게 이익이건 이익이 아니건 간에 환자의 죽음으로 이어지는 인과과정을 차단하는 것(인공호흡기를 제거하는 것)과 위의 인과과정을 유발하지 않는 것(인공호흡기를 부착하지 않는 것)을 차별할 수 없다는 상식적인 결론에 이를 수 있다.

도덕적 동동성 원리에 대한 제언

풋과의 결전에서 툴리가 승기를 잡았음을 확인할 수 있었다. 하지만 승리를 점치기에는 이르다. 아직 후반전이 남아 있기 때문이다. 툴리가 제시한 다음의 예를 생각해보자.

> "존과 메리 두 아이가 살인기계에 갇혀 있다. 이 광경을 목격한 누군가가 버튼을 누른다면 존은 죽지만 메리는 무사히 빠져나올 수 있다. 반면 버튼을 누르지 않는다면 존은 무사히 빠져나올 수 있지만 메리는 죽게 된다."[99]

다른 모든 여건이 동일하다고 해보자. 예컨대 존과 메리 모두 무고하고 상대방이 원인이 되어 기계에 갇히지 않았으며, 둘 중 누가 죽던 남은 사람이 느끼는 슬픔의 양이 동일하다고 해보자. 그렇다면 도덕적 동등성 원리는 툴리가 진단했듯이 버튼을 의도적으로 누르는 것(메리의 죽음으로 이어지는 인과과정을 유발하는 것)과 누르지 않는 것(존의 죽음으로 이어지는 인과과정을 차단하지 않는 것)을 차별할 수 없다.[100] 정말로 버튼을 누르는 것과 누르지 않는 것이 차이가 없는가? 툴리의 생각대로 동전을 던져야 한다면 맘이 제시한 다음의 예에서도 동전을 던져야 한다.

"브레이크가 파열된 통제 불능의 화차가 선로 A를 질주하고 있다. 이 광경을 목격한 스미스는 레버를 당김으로써 화차의 방향을 선로 B로 전환시킬 수 있다. 레버를 당긴다면 선로 B에 묶여 있는 존이 죽게 되며, 레버를 당기지 않는다면 선로 A에 묶여 있는 메리가 죽게 된다."[101]

존으로서는 메리가 죽는 것이 안타까웠을 것이며, 한편으로는 자신이 화를 면할 수 있어 안도했을 것이다. 그런데 그곳을 지나던 행인(스미스)이 레버를 당겨 자신이 묶여 있는 선로 A로 화차의 방향을 바꾸는 것을 목격했다면 어떤 생각이 들겠는가? 필자가 아니라 누구라도 존의 입장이라면 왜 자신이 죽어야 하는지 납득할 수 없을 것이다. 필자가 변호사라면 그리고 레버를 당겨 존이 죽었다면 존의 가족에게 행인을 고소하라고 조언할 것이나, 레버를 당기지 않아 메리가 죽었다면 메리의 가족에게는 그와 같은 조언을 하지 않을 것이다.

살인기계의 경우는 어떠한가? 목격자가 버튼을 누르지 않았다고 해보자. 그래서 메리가 죽었더라도 메리의 아버지가 슬픔으로 이성을 잃은 상태가 아니라면 맘이 지적하는 바와 같이 스미스를 비난하지 않을 것이다.[102] 하지만 목격자가 버튼을 눌러 존이 죽었다면, 존의 부모 입장에서는 자신의 아들이 메리 대신 죽어야만 했던 합당한 이유를 제시하라고 정당하게 요구할 수 있다.

이렇듯 한 명의 행위자가 부도덕해 보이는 두 행위 중 하나를 선택해야 하는 경우(P의 죽음으로 이어지는 인과과정을 유발하는 것과 Q의 죽음으로 이어지는 인과과정을 차단하지 않는 것이 갈등관계에 있는 경우)에는 도덕적 동등성 원리가 해결책이 될 수 없다고 보아야 한다.

'적극적인 의무보다 소극적인 의무가 엄중하다'는 풋의 해법을 적용하면 어떠한가? 살인기계 예에서 버튼을 누르는 것은 메리를 도와야 할 적극적인 의무를 이행하고 존을 해치지 말아야 할 소극적인 의무를 저버리는 것이며, 누르지 않는 것은 존을 해치지 말아야 할 소극적인 의무를 이행하고 메리를 도와야 할 적극적인 의무를 저버리는 것이다. 따라서 도덕적 동등성 원리와 달리 버튼을 누르지 말아야 한다는 상식적인 결론을 내릴 수 있다.

화차 예를 놓고도 상식적인 답변을 내놓을 수 있다. 레버를 당기는 것은 메리를 도와야 할 적극적인 의무를 이행하고 존을 해치지 말아야 할 소극적인 의무를 저버리는 것인 반면, 당기지 않는 것은 존을 해치지 말아야 할 소극적인 의무를 이행하고 메리를 도와야 할 적극적인 의무를 저버리는 것이다. 이렇듯 도덕

철로변에서 휴식을 취하던 스모 선수가 브레이크 파열로 질주하는 화차를 목격하고 경악한다. 전방의 협소한 지형에서 철로점검원 한 명이 작업 중이었기 때문이다. 때마침 평범한 구경꾼이 눈에 들어왔고, 그를 바퀴에 던지면 화차가 멈출 것임을 알았다. 자진해서 몸을 던지라고 눈짓을 했지만 구경꾼이 도망가려 하자 지체 없이 번쩍 들어 던졌고, 덕분에 철로점검원은 화를 면했다.[103] 스모 선수가 큰일을 저질렀다는 데는 이견이 있을 수 없다. 그 이유에 대해 소극적인 의무를 저버리고 적극적인 의무를 이행했기 때문이라는 풋의 해법이 설명력을 가진다. 하지만 도덕적 동등성 원리를 적용하면 스모 선수를 비난할 수 없다. 철로점검원의 죽음으로 이어지는 인과과정을 차단하지 않는 것과 구경꾼의 죽음으로 이어지는 인과과정을 유발하는 것을 차별할 수 없기 때문이다. 그림은 1861년 작품으로 스모 레슬러가 외국인을 두 손으로 번쩍 들어 던지고 있다. 당시 일본에서는 흔한 광경이었다고 한다.

적 동등성 원리와 달리 레버를 당기지 말아야 한다는 상식에 부합하는 결론을 내릴 수 있다.

툴리로서는 전반전에 쌓은 승점을 고스란히 반납했다고 보아야 한다. 지금의 경기력으로는 양측 모두 승자가 될 수 없다는 뜻으로, 승리를 위해서는 양측 모두 전력을 보강해야 한다. 하지만 툴리가 풋보다는 수적으로 우위를 점하고 있다. 풋에게는 교체선수가 없지만, 툴리에게는 'E 이외에 다른 유의미한 결과를 초래하지 않는다'는 조건을 다음의 조건으로 교체하는 것이 가능하기 때문이다.

- E 이외에 피해자나 수혜자가 바뀌는 등의 다른 유의미한 결과를 초래하지 않는다.

살인기계 예로 돌아가보자. 도덕적 동등성 원리가 해법이 될 수 없는 이유는 존이 메리를 대신해 죽어야 하는 합당한 이유를 설명할 수 없기 때문이다. 하지만 선수가 교체된 도덕적 동등성 원리를 적용하면 버튼을 누르지 말아야 한다는 상식적인 답변을 내놓을 수 있으며, 화차 예에서 레버를 당기지 말아야 한다는 그리고 스모 선수 예에서도 구경꾼을 바퀴에 던지지 말아야 한다는 상식적인 답변을 내놓을 수 있다.

수정란의 잠재력을 차단하는 것을 그르다고 할 수 없다

도덕적 동등성 원리의(a의) 결점을 보완했으므로, b가 참이라면 (갓 태어난 고양이에게 성인의 뇌를 가진 고양이로 성장할 수 있는 잠재력을 부여하지 않고 죽이는 것이 그르지 않다면) 고양이 논변은 9부 능선을 넘었다고 할 수 있다.

갓 태어난 고양이에 화학물질을 주입하면 성인의 뇌를 가진 존재로 성장할 수 있는, 정체성이 확보된 잠재력을 갖게 된다. 문제는 화학물질을 주입하지 않고 죽이는 것이 심각하게 그른지이다. 앞서 논의된 바와 같이 성인에게 생명권을 선사한 속성은 정신과 관계된 속성이다. 즉, 갓 태어난 고양이에게 생명권은 없다고 보아야 한다. 그럼에도 화학물질을 주입하지 않고 죽이는 것이 그른가? 판단이 서지 않는다면 고양이보다는 덜 친근한 갓 태어난 문어를 생각해보기 바란다. 그에게 인간의 뇌를 가진, 따라서 성인이 가진 모든 정신 능력과 특성을 가진 문어로 성장케 하는 화학물질을 주사하지 않는다고 나무라는 사람은 없을 것이며, 약한 잠재력 원리 옹호론자도 예외는 아닐 것이다.

금욕을 하는 배란기의 여성을 비난할 수 없다는 것도 고양이 논변의 b를 부정할 수 없는 결정적인 이유가 될 수 있다. 잠재력 원리 옹호론자들의 주장대로 난자에 사람이 될 수 있는 잠재력이 없다고 해보자. 그렇다고 해도 정자를 만나게 하면 잠재력을 갖게 된다. 따라서 갓 태어난 고양이에게 화학물질을 주입해야 한다면 수정란도 정자를 만나게 해야 한다. 그래서 배란기에 금욕을 하는 여성을 비난해야 하는가? 정자를 만나게 하지 않고 죽이는 것을, 즉 배란기에 금욕을 하는 것을 그르다고 할 수 없으므로, 갓 태어난 고양이에게 화학물질을 주입하지 않는 것도 그르다고 할 수 없으며, 따라서 고양이 논변의 b를 참으로 보아야 한다.

이렇듯 고양이 논변의 a와 b를 참으로 보아야 하며, 따라서 c도 참으로 보아야 한다. 물론 a, b, c는 타당한 논증이므로 c가 거짓이라면 a, b 둘 중 하나는 거짓이다. a, b와 무관하게 c를 생각해보자. 갓 태어난 고양이가 이미 성인의 뇌를 가진 고양이사람으로 성장할 수 있는 잠재력을 가졌다는 이유만으로 그 잠재력을 차단하지 말아야 하는가? 어떤 이유로든 그래야 한다는 것은 해괴한 도덕추론일 수밖에 없다.

d는 어떠한가? 툴리가 주장하는 바와 같이 수정란이 생명권을 가졌는지의 물음을 놓고 잠재력이라는 속성 이외에 수정란에게서 눈여겨볼 만한 어떤 속성도 없다. 즉, 잠재력이라는 속성을 제외하면 인간의 수정란에 갓 태어난 고양이보다 더 큰 도덕적 지위를 부여할 만한 어떤 속성도 없으며, 따라서 d를 참으로 보아야 한다.

이상에서 알아본 바와 같이 결점을 보완해 a를 참으로 만들 수 있으며, 나머지 전제들 모두 참으로 보아야 하므로, 결론인 e도 참으로 보아야 한다. ('3장'에서 논의된 바와 같이 어떤 대상이 인간의 유전자를 가졌는지는 그 대상이 생명권을 가졌는지와는 무관한 물음이다.) 즉, 수정란을 죽임으로써 성인의 뇌를 가진 존재로 성장할 수 있는 잠재력을 차단하는 것을 심각하게 그르다고 할 수 없다.

갓 태어난 고양이의 고양이사람이 될 수 있는 잠재력을 차단하는 것이 그른가? 판단이 서지 않는다면 왕도마뱀사람, 딱정벌레사람, 상수리나무사람, 가방사람이 될 수 있는 잠재력을 차단하는 것이 그른지를 생각해보는 것이 도움이 될 수 있다.

6.4 보수주의자들의 답변 1: 반례를 감당할 수 없다

강한 잠재력 원리에 이어 약한 잠재력 원리마저 부정된다면 보수주의의 마지막 보루가 무너졌다고 보아야 한다. 보수주의자로서는 결사항전을 미룰 수 없는 시점에 '4장'에서 논의된 바 있는 가톨릭 철학자 에베를이 구원병을 자처하고 나선다.

> "어떤 환자가 산소호흡기로 연명하고 있다. 산소호흡기가 없으면 사망할 것이나, 자신이 그와 같은 상태에 놓이게 되면 산호호흡기를 제거하라는 사전연명의료의향서를 남기지 않았다. 산소호흡기를 계속 부착하는 것이 무의미하지 않으며, 산소호흡기로 인해 유발되는 고통이나 불편감 등이 그로 인해 받게 되는 혜택보다 크지 않다. …그런데 응급상황이 발생했다. 환자 두 명이 일시적으로 산소호흡기가 필요한 상태에 놓였지만 당장 구할 수 있는 다른 산소호흡기가 없다. 산소호흡기를 부착하지 않으면 이들 두 환자는 심각한 폐손상을 입거나 죽게 될 것이다. 이들 두 환자에게 번갈아가며 산호호흡기를 부착하는 동안 산호호흡기를 빼앗긴 첫째 환자는 숨을 거둘 것이다."[104]

> "S가 일시적 혼수상태에 빠진 C를 위해 신탁기금을 조성했다. C가 의식을 회복하면 그 기금으로 생활비와 병원비를 충당하게

될 것이다. 하지만 C가 의식을 회복하기 전에 S가 돈을 인출해 기금이 바닥났다."[105]

에베를은 산소호흡기 예가 도덕적 동등성 논변에 대한 반례가 될 수 있는 이유를 이렇게 설명한다. "엄격한 공리주의 잣대로 판단하지 않는 한 첫째 환자가 산소호흡기를 사용하는 것이 정당하다고 할 수 있다. 즉, 두 명의 환자를 위해 첫째 환자의 인공호흡기를 제거하는 것은 부당하다고 보아야 한다. 이렇듯 첫째 환자의 생존으로 이어지는 인과과정을 차단하는 것이 두 환자의 생존으로 이어지는 인과과정을 유발하지 않는 것보다 도덕적으로 나쁘다고 보아야 한다."[106]

다시 말해 도덕적 동등성 원리가 옳다면 '첫째 환자의 생존으로 이어지는 인과과정을 차단하는 것'과 '두 환자의 생존으로 이어지는 인과과정을 유발하지 않는 것'이 도덕적으로 차이가 없어야 하지만, 전자가 후자보다 나쁘므로 도덕적 동등성 원리는 설득력을 가질 수 없다는 것이 에베를의 주장이다.

신탁기금 예는 어떠한가? 에베를에 따르면 "S가 기금을 인출하기 전보다 C는 재정이 나빠졌고, 따라서 S가 C에게 해를 입혔다고 보아야 한다. 실제로 C를 위해 기금이 조성됐으므로 S는 C의 돈을 훔친 데 대해 비난받아 마땅하다. 하지만 애초에 S

는 C를 위해 기금을 조성하지 않을 수 있었다. 이렇듯 일단 기금이 조성된 이후에는 돈을 인출하지 말아야 할 의무가 있지만, 즉 C가 의식을 회복한 이후 돈을 갖게 되는 인과과정을 차단하지 말아야 할 의무가 있지만, C를 위해 기금을 조성해야 할 의무는 없다."[107]

이렇듯 에베를에 따르면 'C를 위해 기금을 조성하지 않는 것'과 'C가 의식을 회복한 이후 돈을 갖게 되는 인과과정을 차단하는 것'이 도덕적으로 차이가 없어야 도덕적 동등성 원리가 설득력을 가질 수 있지만 후자가 전자보다 나쁘며, 따라서 도덕적 동등성 원리로 약한 잠재력 원리를 무너뜨릴 수 없다. 에베를이 주장하는 바와 같이 이들 두 예가 도덕적 동등성 원리를 염라대왕에게 데려갈 저승사자인가?

6.5 반론: 공격에 앞서 자신의 허점을 살피는 공피고아(功彼顧我)의 지혜를 터득했어야 했다

이상에서 알아본 바와 같이 에베를은 두 가지 반례를 들어 도덕적 동등성 원리를 부정한다. 산소호흡기 반례를 생각해보자. 첫째 환자의 생존으로 이어지는 인과과정을 차단하는 것이 나중에 도착한 두 환자의 생존으로 이어지는 인과과정을 유발하지 않는 것보다 나쁘다는 데 동의한다. 하지만 그것이 도덕적 동등성 원리에 흠집을 낼수 있을지 의문이다.

"엄격한 공리주의 잣대로 판단하지 않는 한 첫째 환자가 산소호흡기를 사용하는 것이 정당하다고 할 수 있다"고 표현한 것으로 미루어 에베를은 두 환자가 죽는 결과가 첫째 환자가 죽는 결과보다 더 큰 손실이라는 것을 전제로 하고 있다. 에베를의 생각이 짧은 이유이다. 다시 말해 툴리가 도덕적 동등성 원리의 조건들을 제시할 때 "두 행위 모두 E 이외의 다른 유의미한 결과를 초래하지 않아야 한다"는 조건을 내세웠으므로, 에베를의 생각대로 두 결과가 차이가 난다면 도덕적 동등성 원리의 적용 대상이 아니다. (에베를이 이런 단순한 실수를 저지를 이유는 툴리의 1972년 논문을 간과하고 1980년 저서만을 염두에 뒀기 때문이 아닌가 싶다.)

신탁기금의 예는 어떠한가? 에베를에 따르면 기금을 인출하는 것이 기금을 조성하지 않는 것보다 나쁘며, 따라서 도덕적 동등성 원리는 설득력을 가질 수 없다. 하지만 위의 예가 도덕적 동등성 원리에 대한 반례가 되기 위해서는 기금을 조성하지 않은 동기와 기금을 인출한 동기가 같아야 한다. 따라서 C에게 혜택을 주지 않으려는 동기에서 기금을 조성하지 않았고 같은 동기에서 기금을 인출했다고 상황을 설정해야 한다. 즉, 돈을 갈취하려는 동기에서 기금을 조성하지 않을 수는 없으므로, 신탁기금의 예로 도덕적 동등성 원리를 평가하기 위해서는 돈을 갈취하려는 동기에서 기금을 인출할 가능성을 차단해야 한다. 필자에게 에베를의 예가 어색하게 느껴지는 첫 번째 대목이다.

C에게 혜택을 주지 않으려는 동기에서 두 행위를 했다고 해도 도덕적 동등성 원리를 너무 쉽게 봤다는 생각을 지울 수 없다. 즉, 신탁기금의 예로 도덕적 동등성 원리를 평가하기 위해서는 에베를과 같이 상황을 단순하게 설정해서는 안 되고 다음의 네 상황을 별도로 설정해야 한다.

- S가 기금을 조성하겠다고 자처함으로써 다른 사람이 기금을 조성할 기회를 박탈했으며, 기금이 조성된 사실을 알고난 후에 C가 일시적 혼수상태에 빠졌다.
- S가 아니었다면 기금조성 자체가 가능하지 않았으며, 기금이 조성된 사실을 알고난 후에 C가 일시적 혼수상태에 빠졌다.
- S가 아니었다면 기금조성 자체가 가능하지 않았으며, 기금이 조성된 사실을 모른 채 C가 일시적 혼수상태에 빠졌다.
- S가 기금을 조성하겠다고 자처함으로써 다른 사람이 기금을 조성할 기회를 박탈했으며, 기금이 조성된 사실을 모

른 채 C가 일시적 혼수상태에 빠졌다.

첫째 상황을 생각해보자. 이 경우가 도덕적 동등성 원리에 대한 반례가 되기 위해서는 기금을 조성하지 않는 것(다른 사람의 기금을 조성할 기회를 박탈하고 기금을 조성하지 않는 것)이 기금을 인출하는 것보다 덜 나빠야 한다. 하지만 그렇다는 것은 누가 봐도 어불성설이며, 따라서 이 상황이 도덕적 동등성 원리에 대한 반례가 될 수 없다.

둘째 상황에서는 기금을 조성하지 않는 것이 기금을 인출하는 것보다 덜 나쁘다고 할 수 있다. 하지만 도덕적 동등성 원리의 '두 행위 모두 E 이외에 다른 유의미한 결과를 초래하지 않아야 한다'는 조건을 충족시키지 못한다는 것이 문제다. 즉, 기금을 조성하지 않으면 C가 생활비와 병원비로 겪게 될 고초에서 벗어날 수 없게 될 것인 반면 기금을 인출하면 C는 생활비와 병원비로 겪게 될 고초에서 벗어날 수 없는 데 더해 실망감과 배신감까지 안게 될 것이므로, 이 상황은 도덕적 동등성 원리의 적용 대상이 될 수 없다.

셋째 상황은 어떠한가? 즉, S가 아니었다면 기금조성 자체가 가능하지 않았고, C가 혼수상태에서 깨어난 후에도 기금이 조성된 사실을 알지 못한다면 도덕적 동등성 원리에 대한 반례가 될 수 있는가? (혼수상태에서 깨어난 후 기금이 조성되었던 사실을 알게 될 경우는 기금이 조성된 사실을 알고난 후에 일시적 혼수상태에 빠진 경우와 다르지 않다.)

에베를은 기금을 인출하는 것이 조성하지 않는 것보다 나쁜 이유를 인출하면 C의 재정이 나빠지고, 따라서 인출하는 것은 C에게 해를 입히는 것이기 때문이라고 설명한다. 하지만 그의 설명이 셋째 상황에 대한 설명은 될 수 없다. 어차피 S가 아니었다면 기금조성 자체가 가능하지 않았으며, 따라서 기금을 인출함으로써 C의 재정이 나빠졌다고 할 수 없기 때문이다.

따라서 재정이 나빠졌는지와 별도로 기금을 인출하는 것이 C에게 해를 입히는 것인지를 검토해야 한다. 그렇게 보아야 한다면 기금을 인출하는 것이 조성하지 않는 것보다 나쁘다고 할 수 있다. 하지만 고대 그리스의 철학자 에피쿠로스(Epikuros, BC 341~270)가 '메노이케우스(Menoeceus)에게 보내는 편지'에서 죽음이 악인지의 물음을 놓고 다음과 같이 말했듯이, 기금이 조성되고 인출된 것을 C가 경험할 수 없음에도 기금을 인출하는 것이 C에게 해가 될 수 있을지 의문이다.

"죽음이란 우리에게 아무것도 아니라는 생각에 익숙해지기 바라오. 좋거나 나쁘기 위해서는 의식이 있어야 하지만 의식이 없는 상태에서 죽음이 찾아오기 때문이오. …따라서 모든 불행 중 가장 두려운 대상인 죽음은 실제로 우리에게 아무 일도 아니라오. 우리가 존재하는 한 죽음이 우리와 함께하지 않으며 죽음이 우리에게 올 때는 더 이상 우리는 존재하지 않기 때문이오."[108]

에피쿠로스가 죽음이 악인지의 물음을 놓고 죽음이 좋거나 나쁘기 위해서는 의식이 있어야 하지만(죽음을 경험할 수 있어야 하지만) 의식이 없는 상태에서 죽음이 찾아오므로(죽음을 경험할 수 없으므로) 죽음은 좋거나 나쁜 것이 될 수 없다고 진단했듯이, 기금이 조성되고 인출된 것을 C가 경험할 수 없으므로 기금을 인출하는 것을 C에게 해를 입히는 것으로 볼 수 없는 것은 아닌가? 다음의 명제가 거짓이라야 기금을 인출하는 것을 C에게 해를 입히는 것으로 볼 수 있으며, 따라서 셋째 상황이 도덕적 동등성 원리에 대한 반례가 될 수 있다.

- P가 사태(또는 사건) S를 어떤 시점에도 나쁘다고 경험할 수 없다면, P에게 S는 나쁘지 않다.

위의 명제를 부정할 수 있는가? "요즘은 도촬한 필름을 상업적으로 팔고 인터넷상에서 대량 유통하기 때문에 여성들이 겪는 불편과 공포는 이루 말할 수 없다. 어떤 여성은 지인이 불법 포르노 사이트에서 자신이 포르노배우로 나오더라는 말을 듣고 기절할 뻔 했단다. 경찰에 신고해도 서버가 외국에 있다거나 아이피 추적에 시간이 걸린다는 말만 듣게 되고, 설령 일부 사이트를 닫아도 다른 사이트에서 여전히 자신의 사진들이 떠 있다. 그러니 도촬은 운 나쁜 여성들만 당하는 '사고'가 아니라, 운 좋은 여성만 피해가는 '일상'이 되고 있다는 말이 수긍이 간다." (불교포커스, 2018. 06. 02)

불법 포르노 사이트에서 자신이 포르노배우로 나오더라는 말을 듣고 기절할 뻔한 여성의 경우는 그와 같은 사실을 알지 못했을 때도 피해를 입었다고 보아야 한다. 도촬뿐 아니라 모함이나 배신을 당하는 경우 역시 경험하지 못한 것으로 인해 해를 입는 경우라 할 수 있다. 이와 같은 경우를 내세우는 것이 위의 명제에 대응할 수 있는 유일한 방법일 것이다. 하지만 애석하게도 이들 경우로 위의 명제를 부정할 수는 없다. 위의 명제가 말하는 것은 P가 언젠가 S를 경험할 수 있어야 S가 P에게 해가 된다는 것이지 P가 실제로 S를 경험해야 S가 P에게 해가 된다는 것이 아니기 때문이다.[109]

이제 넷째 상황만 남았다. 하지만 이 역시 도덕적 동등성 원

후각세포가 돌이킬 수 없이 파괴된 환자에게 스컹크가 뿜어내는 냄새가 해가 된다고 할 수 없다. 그 이유에 대해 스컹크의 분비액으로 불쾌한 경험을 할 수 없기 때문이라는 것 역시 'P가 사태 S를 어떤 시점에도 나쁘다고 경험할 수 없다면, P에게 S는 나쁘지 않다'는 명제를 참으로 보아야 하는 증거가 될 수 있다.

리에 대한 반례는 될 수 없다. S가 아니었다면 다른 사람이 기금을 조성했을 것이다. 따라서 기금을 조성하지 않는 것은(다른 사람의 기금을 조성할 기회를 박탈하고 기금을 조성하지 않는 것은) C의 재정을 나쁘게 만드는 것이며, 이런 상황에서 기금을 인출하는 것 역시 C의 재정을 나쁘게 만드는 것이다. 또한 둘째 상황에서와 달리 기금이 조성되고 인출된 사실을 C가 알 수 없으므로 실망감과 배신감을 가질 수 없다. 따라서 기금을 조성하지 않는 것이나 인출하는 것이나 거기서 거기로 보아야 한다.

신탁기금 예로 도덕적 동등성 원리를 평가하기 위해서는 위의 네 경우를 별도로 적용해야 하며, 이상에서 알아본 바와 같이 네 경우 모두 도덕적 동등성 원리를 흠집낼 수 없다. 도덕적 동등성 원리를 공격하기에 앞서 공피고아(攻彼顧我, 상대를 공격하기에 앞서 자신을 살펴라)의 지혜를 터득하지 않은 것이 에베를의 패착이라는 뜻이다.

6.6 보수주의자들의 답변 2: 내재적 잠재력과
외재적 잠재력의 차이점을 간과하고 있다

고양이 논변으로 인해 약한 잠재력 원리 옹호론자들은 재앙적 상황을 맞았음에 틀림없다. 그들의 입장에서 생각해보자. 고양이 논변은 연역논증이므로 그를 부정하고자 한다면 먼저 타당한 논증인지를(전제 모두가 참이라면 결론이 필연적으로 참인지를) 검토해야 한다. 타당하지 않다는 것을 입증했다면 고양이 논변을 성공적으로 부정한 것이며, 반면 타당하다는 것을 인정할 수밖에 없다면 건전한 논증인지를(전제 모두가 참인지를) 검토해야 한다. 그리고 전제들 중 하나라도 거짓임을 입증했다면 이 역시 고양이 논변을 성공적으로 부정한 것이다.

고양이 논변이 타당한지를 생각해보자. 아무리 뜯어봐도 타당성에 이의를 제기하기 어려워 보인다. 그런 만큼 타당성 여부를 공략 대상으로 삼는 약한 잠재력 원리 옹호론자를 보지 못했다. 하지만 흥미롭게도 철학자 랭(Gerald Lang)은 약한 잠재력 원리 옹호론자가 아님에도(랭은 약한 잠재력 원리의 한계를 인정하지만 고양이 논변으로는 그를 부정할 수 없다는 입장을 취한다) 다음의 주장을 타겟으로 고양이 논변의 타당성에 의문을 제기한다.

> "갓 태어난 고양이에게 사람화 혈청(성인의 뇌를 가진 존재로 성장케 하는 화학물질)을 주사하지 않는 것이 그르지 않다면, 사람화 혈청을 맞은 갓 태어난 고양이의 사람이 되는(성인의 정신능력을 갖게 되는) 인과과정을 차단하는 것이 그르지 않다."[110]

고양이 논변이 설득력을 갖기 위해서는 타당해야 하며, 타당하기 위해서는 'a와 b가 참이라면 c가 필연적으로 참이다'는 조건과 'c와 d가 참이라면 결론인 e가 필연적으로 참이다'는 조건이 충족돼야 한다. 바꿔 말하면 이들 두 조건 중 하나만을 부정해도 고양이 논변의 타당성을 부정할 수 있으며, 랭이 본문의 주장을 공략 대상으로 삼았다는 것은 전자의 조건을 부정한 것이다.

a. 동일한 결과로 이어지는 인과과정을 유발하지 않는 것과 차단하는 것 사이에 도덕적인 차이가 없다.

b. 갓 태어난 고양이에게 성인의 뇌를 가진 고양이로 성장할 수 있는 잠재력을 부여하지 않고 죽이는 것이 심각하게 그르다고 할 수 없다.

그러므로

c. 성인의 뇌를 가진 고양이로 성장할 수 있는 잠재력을 가진 갓 태어난 고양이를 죽임으로써 그 잠재력을 차단하는 것이 심각하게 그르다고 할 수 없다.

위의 논증의 타당성을 부정하고자 한다면 길은 외길이다. 'b'와 'c' 사이의 틈새를 공략해야 하며, 예상대로 랭은 정석을 택해 'b'에서의 잠재력은 '외재적 잠재력(extrinsic potential)'인 반면 전제 'c'에서의 잠재력은 '내재적 잠재력(intrinsic potential)'이라는 해석을 내놓는다.

화학물질에 노출되지 않은 갓 태어난 고양이의 고양이사람이 될 수 있는 잠재력 = 외재적 잠재력

화학물질에 노출된 갓 태어난 고양이의 고양이사람이 될 수 있는 잠재력 = 내재적 잠재력[111]

랭의 주장대로 'b'에서의 잠재력과 'c'에서의 잠재력 사이에 유의미한 차이점이 있다고 해보자. 그렇다면 툴리가 다의어 사용에 의한 오류를 범한 것이며, 따라서 위의 논증은 타당하지 않다고 보아야 한다. (다의어 사용에 의한 오류는 '3장'에서 설명된 바 있다.)

화학물질에 노출된 갓 태어난 고양이의 고양이사람이 될 수 있는 잠재력을 내재적 잠재력이라고 했으므로, 수정란의 잠재력은 내재적 잠재력일 것이라는 대략적인 윤곽은 그릴 수 있다. 수정란의 잠재력을 화학물질에 노출된 갓 태어난 고양이의 잠재력과 같은 범주에 넣어야 하는 구체적인 이유를 들을 차례다. 하지만 랭은 '제한된 잠재력 견해(restricted potentiality view)'라 이름 붙인 다음의 주장에서 내재적 잠재력은 타고난(native) 또는 유전적(genetic) 잠재력이라는 정도의 설명만을 가하고, '약한 잠재력 원리'를 '제한된 잠재력 견해'로 구체화시킬 것을 주문한다.

제한된 잠재력 견해

"내재적 또는 타고난 또는 유전적 잠재력 덕분에 충분한 도덕적 지위를 누리는 존재가 될 수 있는 실제적인 가능성이 있는 대상은 아직 충분히 성장하지 않은 시점에도 도덕적 지위를 누린다."[112]

위의 원리는 도덕적 지위를 누리는 대상이 될 수 있는 내재적(타고난, 유전적) 잠재력을 지닌 존재의 잠재력을 차단하지 말 것을 주문하는 반면, 도덕적 지위를 누리는 대상이 될 외재적(타고나지 않은, 유전적이지 않은) 잠재력을 가진 존재의 잠재력을 발현시킬 것을 주문하지는 않는다. 따라서 랭이 제안한 바와 같이 위의 원리로 약한 잠재력 원리를 대체하면, 적어도 외형적으로는 고양이사람이 될 수 있는 잠재력을 차단하는 것과 고양이사람이 될 수 있는 잠재력을 부여하지 않는 것을 차별할 수 있다.

정리하자면 다음의 두 행위 사이에 도덕적으로 유의미한 차이가 없어야 고양이 논변이 설득력을 가질 수 있다.

(1) 고양이사람으로 성장할 수 있는 갓 태어난 고양이의 잠재력을 차단하는 행위
(2) 갓 태어난 고양이에게 고양이사람으로 성장할 수 있는 잠재력을 부여하지 않는 행위

하지만 랭은 위의 두 행위를 다음과 같이 이해함으로써 고양이 논변을 부정한다.

(1) = 내재적 잠재력을 차단하는 것

(2) = 외재적 잠재력을 발현시키지 않는 것

이제 랭으로서는 제한된 잠재력 원리에 따라 (1)과 (2)를 차별함으로써 고양이 논변을 부정할 수 있다. 제한된 잠재력 원리는 내재적 잠재력을 차단하지 말 것을 주문하므로 (1)은 그른 반면, 외재적 잠재력을 발현시킬 것을 주문하지는 않으므로 (2)는 그르지 않다고 주장할 수 있기 때문이다.

정신능력면에서 갓 태어난 고양이와 수정란(태아) 사이에 차이점을 발견할 수 없다. 그럼에도 내재적 잠재력과 외재적 잠재력을 차별해야 하는 이유가 무엇인가? 갓 태어난 고양이에게 화학물질을 주입하지 않는 것과 수정란의 잠재력을 차단하는 것을 차별하는 것은 종차별적 발상 아닌가?

하지만 랭에 따르면 갓 태어난 고양이가 고양이사람이 되지 못해 누릴 수 없는 것은 전형적으로 사람에게 제공된 복지이며, 따라서 고양이사람이 되지 못하는 것이 갓 태어난 고양이에게 불운이 아니다. 반면, 수정란(태아)이 사람이 되지 못해 누릴 수 없는 것은 전형적으로 사람에게 제공된 복지이므로, 사람이 되지 못하는 것은 수정란에게 불운이다. 이렇듯 종을 경계로 불운, 행운 여부를 나누는 것이 종차별일 수 없다는 것이 랭의 설명이다.[113]

랭의 반론이 성공적이라면 툴리의 고양이 논변은 타당하지 않으며, 따라서 약한 잠재력 원리 옹호론자들은 재앙적 상황을 모면했다고 보아야 한다. 랭의 반론으로 약한 잠재력 원리 옹호론자들은 희망을 본 것인가?

6.7 반론: 쇠뿔을 잡으려다 소를 죽이는
교각살우(矯角殺牛) 격 해석이다

랭은 내재적 잠재력과 외재적 잠재력의 차이점을 들어 고양이 논변의 b와 c 사이의 틈새를 공략한다. 그의 전략이 성공적이라면 고양이 논변은 타당하지 않으며, 따라서 설득력을 잃을 수밖에 없다. 하지만 잠재력을 위의 두 잠재력으로 분류한 것이 작위적인 해석은 아닌지 의문을 갖지 않을 수 없다.

가장 먼저 드는 의문은 난자에 대한 의문이다. 랭의 해석을 따른다면 난자가 보유한 잠재력은 내재적 잠재력이다. 따라서 난자의 잠재력을 차단하지 말아야 한다. 배란기에 금욕을 하는 여성들은 비난받아 마땅한가? 남성의 자위행위도 비난 대상인가?

랭은 고양이 논변을 부정하며 난자 문제를 다루지 않는다. 하지만 논문 전반부에서 잠재력을 개괄적으로 다루며 정자와 난자는 계속 존재하는 데 따른 이익을 취할 수 없다는 입장을 취한다. 그리고 그 이유에 대해 미래의 성인과 개체상 동일한 배아라야 계속 존재하는 데 따른 이익을 취할 수 있지만, 정자는 난자를 만나며 그리고 난자는 정자를 만나며 정체성에 변화를 겪기 때문이라고 그 이유를 설명한다.[114]

위의 설명으로부터 배란기의 금욕 문제에 대한 랭의 답변을 유추할 수 있다. 즉, 미래의 성인과 개체상 동일한 배아라야(정체성이 담보된 배아라야) 계속 존재하는 데 따른 이익을 취할 수 있지만, 정자와 만나며 정체성을 잃게 되는 난자는 미래의 성인과 동일한 개체일 수 없으며, 따라서 난자의 내재적 잠재력은 보호대상에서 제외시켜야 한다고 답변할 수 있다.

위의 답변이 랭의 주장으로부터 유추할 수 있는 유일한 답변이다. 하지만 그것이 수정란을 보호하는 데 도움이 되지 않는다는 것이 문제다. 정체성이 담보된 배아라야 계속 존재하는 데 따른 이익을 취할 수 있다는 데 대해 동의할 수 있다. 또한 정자와 난자가 정체성에 변화를 겪는다는 것도 부정할 수 없다. 서로가 서로를 만나며 유전적으로 별개인 새로운 개체, 즉 수정란이 생겨나기 때문이다. 하지만 이런 이유로 정자와 난자의 내재적 잠재력을 보호대상에서 제외시켜야 한다면, 수정란을 포함해 14일 미만 배아의 내재적 잠재력도 보호대상에서 제외시켜야 한다.

다시 말해 수태 후 14일 미만까지는 일란성 쌍둥이로 분열되는 현상이 일어나고, 분열된 두 배아가 다시 합쳐지는 융합현상까지도 일어난다. 설명된 바와 같이 쌍둥이로 분열되기 이전의 배아는 분열되며 정체성을 잃게 되며, 분열된 두 배아 역시 하나의 배아로 융합되며 정체성을 잃는다. 이렇듯 위의 답변으로는 14일을 넘긴 배아의 내재적 잠재력만을 보호할 수 있다. 즉, 랭의 반론에 기대어 툴리를 부정하고자 한다면 수정란을 비롯해 14일 미만의 배아는 포기해야 한다.

　문제는 여기서 그치지 않는다. 프랑켄슈타인 박사가 인간의 수정란을 인간고양이로 성장하게 하는 화학물질을 합성해냈다고 해보자. 즉, 프랑켄슈타인의 화학물질에 노출된 여성이 임신을 하면 그 여성의 수정란은 고양이의 뇌와 유사한 뇌를 가진 인간으로 성장해 인간의 언어를 구사하지 못하고 성인의 정신능력을 갖지도 못한, 고양이의 언어를 구사하고 성체고양이가 가진 모든 정신능력과 특성을 가진 인간이 될 것이다.

　인간고양이로 성장할 수 있는 수정란의 잠재력을 차단하는 것은 내재적 잠재력을 차단하는 것이며, 수정란에게 인간고양이로 성장할 수 있는 잠재력을 부여하지 않는 것은 외재적 잠재력을 부여하지 않는 것이다. 따라서 랭의 주장대로라면 전자의 경우와 후자의 경우를 동일시할 수 없다. 정말로 그런가? (반면 툴리의 도덕적 동등성 원리를 적용하면 위의 두 경우를 차별할 수 없다는 상식적인 답변을 얻을 수 있다.)

랭의 입장에서 출구가 없는 것은 아니다. 설명된 바와 같이 그는 갓 태어난 고양이에게 화학물질을 주입하지 않는 것과 수정란의 잠재력을 차단하는 것을 차별하는 것이 종차별이 아닌 이유를 다음과 같이 설명한다. 즉, 갓 태어난 고양이가 고양이사람이 되지 못해도 사람에게 제공된 복지를 누리지 못하게 되므로 불운이 아닌 반면, 수정란(태아)이 사람이 되지 못하면 사람에게 제공된 복지를 누리리 못하게 되므로 불운이라는 것이다.

이렇듯 인간고양이로 성장할 수 있는 수정란의 잠재력을 차단하는 것과 수정란에게 인간고양이로 성장할 수 있는 잠재력을 부여하지 않는 것을 차별할 수 없는 이유에 대해 다음과 같이 답변할 수 있을 것이다. 즉, 수정란이 인간고양이가 되지 못해 누릴 수 없는 것은 고양이에게 제공된 복지이고, 따라서 인간고양이가 되지 못하는 것은 불운이 아니기 때문이라고 답변할 수 있다. 하지만 거기에는 큰 함정이 도사리고 있다.

설명된 바와 같이 랭은 툴리가 제안한 사유시험을 놓고 제한된 잠재력 원리에 의존해 고양이사람이 될 잠재력을 차단하는 것과 고양이사람이 될 잠재력을 부여하지 않는 것을 차별함으로써 고양이 논변이 약한 잠재력 원리에 대한 반론이 될 수 없다고 주장한다. 하지만 불운인지의 여부를 기준으로 삼는다면 위의 두 경우를 차별할 수 없다는 것이 문제다.

이렇듯 제한된 잠재력 원리에 의존해 고양이 논변으로부터 약한 잠재력 원리를 구하고자 하는 것은 수정란을 비롯해 14일 미만 배아의 잠재력을 포기하는 것과 다르지 않다. 즉, 쇠뿔을 바로 잡으려다(제한된 잠재력 원리로 약한 잠재력 원리를 바로잡으려다) 소를 죽이는(수정란을 포함해 14일 미만의 배아를 죽이는) 교각살우(矯角殺牛) 격이다.

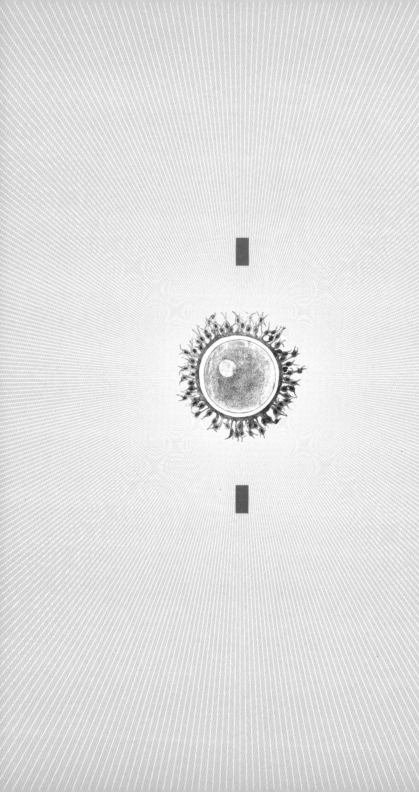

7 강한 잠재력 원리와
약한 잠재력 원리 모두에 대한 반론

7.1 반론: 살정제가 대량 학살도구이고
배란기에 금욕을 하는 것이 살인행위인가?

국립국어원 표준국어대사전은 잠재력(潛在力)을 한자 의미 그대로 풀이해 '겉으로 드러나지 않고 속에 숨어 있는 힘'으로 정의한다. 하지만 잠재력 원리 옹호론자로서는 사전적 정의에 만족할수 없다. '무엇이 될 잠재력이 있다'고 했을 때의, 또는 '무엇을 할수 있는 잠재력이 있다'고 했을 때의 잠재력이 어떤 의미인지를 설명할 수 있어야 하기 때문이다.

"북한은 핵무기 제조에 노력하고 있으며 그러한 잠재력을 가지고 있다고 9일 뉴욕타임즈紙(지)가 보도했다. 이 신문은 워싱턴에 있는 핵무기관리연구소의 자료를 인용, 핵무기를 개발하려는 노력을 시작했고 또 그러한 잠재력을 가진 나라를 「문제의핵 문턱국가」로 분류하고 이 속에 브라질 아르헨티나 북한이 포함돼 있다고 밝혔다." (경향신문, 1986. 11. 10)

    '북한에게 핵무기를 제조할 잠재력이 있다'는 핵무기관리연구소의 보고 내용은 '북한이 미래의 어느 시점에 핵무기를 제조할 가능성이 있다'는 의미로 이해해야 한다. 즉, 북한이 미래에 핵무기를 제조할 가능성이 없다고 판단했다면 핵무기관리연구소가 이런 내용의 보고서를 작성하지 않았을 것이다.

    이렇듯 상식을 따라 '무엇이 되는 것이 가능하다'는 것을 '무엇이 될 잠재력이 있다'는 것의 필요조건으로 보아야 하며, 잠재력 원리 옹호론자도 이에 동의해야 한다. 그들도 정자와 난자가 잠재적인 사람일 수 없는 이유를 어떤 환경에서도 사람으로 성장하지 못한다는 데서 찾기 때문이다. 물론 여기서 가능하다는 것은 논리적으로뿐 아니라 신체적으로도 가능하다는 의미이다.

    그렇다면 수정란에 사람이 될 수 있는 잠재력이 있다고 보아야 하는 이유가 무엇인가? 그 이유를 설명하기 위해서는 어떤 조건(들)을 충족시키기 때문이라는 식의 설명이 따라야 한다. 즉, '무엇이 될 수 있는 잠재력이 있다'는 것의 충분조건을 제시하고 수정란은 정자, 난자와 달리 그들 조건을 충족시키는 이유를 설명해야 한다. 하지만 가능성 이외의 다른 필요조건(들)을 규명하는 것이 용이할지 의문이며, 더욱이 정자와 난자를 차별할 수 있는 조건을 마련해야 한다는 점에서 위의 정석을 밟는 것은 형극의 길일 수 있다. 논의될 바와 같이 잠재력 원리 옹호론자들이 (정자와 난자는 사람이 될 확률이 떨어진다는 등의) 묘수를 택한 이유이다.

수정란의 권리를 부정하는 진영의 입장은 다르다. 그들로서는 '무엇이 될 수 있는 잠재력이 있다'는 것의 충분조건을 제시할 이유가 없다. 정자와 난자는 어떤 환경에서도 사람이 될 수 없다는 주장을 공략함으로써 잠재력 원리 옹호론자들에게 잠재력논변을 포기하던지, 아니면 정자와 난자의 잠재력도 인정하던지 양자택일을 할 것을 요구하는 할 수 있는 선택지가 열려 있기 때문이다. 영국의 철학자 해리스(John Harris)에 따르면,

"수정란이 잠재적으로 사람이라는 것은 수정란에 어떤 (착상과 같은) 일이 발생하고 어떤 (자연유산과 같은) 일이 발생하지 않는다면 결국 사람이 될 것이라는 말과 다르지 않다."[115]

잠재력 원리 옹호론자로서도 해리스의 해석에 불만을 가질

이유가 없다. 그의 해석대로라면 수정란은 잠재적인 사람임에 틀림없기 때문이다. 하지만 해리슨의 다음 수순은 그들에게 곤혹 그 자체일 수밖에 없다.

"미수정 난자와 정자의 사정도 다르지 않다. 난자에 어떤 (정자를 만나는 것과 같은) 일이 발생하면, 정자에 어떤 (난자를 만나는 것과 같은) 일이 발생하면, 그리고 어떤 (피임약을 만나는 것과 같은) 일이 발생하지 않는다면 결국 사람이 될 것이다."[116]

해리스의 해석이 옳다면 잠재력 논변은 자충수로 보아야 한다. 그들 두 논변을 부정하는 진영에 다음과 같이 역공의 빌미를 제공한 것과 다르지 않기 때문이다.

강한 잠재력 논변 - 1

a. 성인에게 생명권을 부여한 속성을 어떤 대상이 잠재적으로 보유하고 있다면, 그 대상에게 현재에도 생명권이 있다.

b. 정자와 난자는 성인에게 생명권을 부여한 속성을 잠재적으로 보유하고 있다.

그러므로

c. 정자와 난자에게 현재에도 생명권이 있다.

떠돌이 개를 보고 군침을 흘린 경험이 있는 사람이라면 해리스의 해석을 반겨야 한다. 떠돌이 개에게 어떤 (입양인을 만나는 것과 같은) 일이 발생하지 않고 어떤 (개장수를 만나는 것과 같은) 일이 발생하면 사철탕이 될 수 있기 때문이다. 즉, 떠돌이 개는 잠재적인 사철탕으로 보아야 하며, 따라서 미안한 마음 없이 맘껏 군침을 흘릴 수 있다. 물론 해리스의 해석에 모두가 동조하는 것은 아니다. '5장'에 소개된 바 있는 보수주의 철학자 버클은 태아를 잠재적인 유산된 태아, 잠재적인 실험대상, 심지어 잠재적인 개의 먹이로 보아야 하므로 해리스의 해석은 잠재력 원리에 부합하지 않는다고 선을 긋는다.[117] 하지만 태아를 잠재적인 개의 먹이로 보아야 하므로 오히려 잠재력 원리 포기해야 하는 것은 아닌가?

약한 잠재력 논변 - 1

a. 성인에게 생명권을 부여한 속성을 어떤 대상이 잠재적으로 보유하고 있다면, 그 속성을 갖게 되는 자연적인 과정을 차단하지 말아야 한다.

b. 정자와 난자는 성인에게 생명권을 부여한 속성을 잠재적
   으로 보유하고 있다.

   그러므로

c. 정자와 난자가 성인에게 생명권을 부여한 속성을 갖게 되
   는 자연적인 과정을 차단하지 말아야 한다.

　　잠재력 원리 옹호론자로서 해리스의 반론을 간과할 수 없
다. 그의 반론이 설득력을 가진다면 잠재력 원리를 주장하는 것
은 살정제(spermicide)를 대량학살도구로, 남성의 자위행위를 대
량학살행위로, 배란기에 금욕을 하는 것을 살인행위로 규정하는
것과 다르지 않기 때문이다.

　　해리스의 반론을 간과할 수 없는 이유는 여기서 그치지 않
는다. 낙태 반대론자 마키스(Don Marquis)를 따라 낙태가 그른 이
유(수정란, 배아, 태아를 죽이지 말아야 하는 이유)가 태아의 미래를 빼
앗지 말아야 하기 때문이라고 해보자. "살인이 그른 주된 이유는
피해 당사자에게 영향을 끼쳐서이지 가해자나 친구, 친척에게 영
향을 끼쳐서가 아니다. 누군가가 목숨을 잃는다는 것은 그가 겪
을 수 있는 가장 큰 손실 중 하나다. 목숨을 잃음으로써 미래를
구성하게 될 경험, 활동, 프로젝트, 즐거움 모두를 잃게 된다."[118]

　　낙태가 그른 이유를 마키스가 옳게 진단했다고 해보자. 하

지만 해리스의 해석이 옳다면 같은 이유로 정자와 난자의 미래를 빼앗지 말아야 한다는 입장을 취해야 한다. 잠재력 원리 옹호론자로서 해리스의 해석에 어떤 식의 대응이 가능한가?

7.2 보수주의자들의 답변 1: 정자/난자는 사람이 될 수 있는 확률이 현저히 떨어진다

20세기를 대표하는 가톨릭 도덕신학자를 꼽으라면 누넌을 빼놓을 수 없다. 특히 낙태 논쟁에 적극 참여한 누넌이 보수주의의 맏형답게 정자와 난자가 잠재적인 사람인지의 물음을 놓고 흥미로운 해법을 내놓는다.

> "인생 자체가 확률상의 문제인 것과 같이 대부분의 도덕추론은 확률에 대한 판단이다."[119] "하나의 정자를 파괴하는 것은 사고할 수 있고, 유전자 코드와 심장 그리고 다른 장기를 가진, 고통을 느낄 수 있는 존재로 성장할 가능성이 2억분의 1도 안 되는 존재를 파괴하는 것인 반면, 태아(수정란)를 파괴하는 것은 … 자궁 밖에서 결국 사고할 수 있는 존재가 될 가능성이 80%인 존재를 파괴하는 것이다."[120]

정자와 난자가 만나 수정이 이루어지면 신생아(사람)로 성장할 수 있는 확률이 극적으로 증가한다는 것이 누넌의 주장으로, 그는 그 증가분을 2억분의 1 확률과 5분의 4 확률의 차이로 설명한다.

- 모든 정자는 2억분의 1 확률로 수정란이 될 수 있다.
- 수정란은 5분의 4 확률로 신생아(사람)이 될 수 있다.

누넌은 수정란이 사람이 될 확률을 5분의 4로 설명하지만 실제로는 20~60%의 초기배아가 자연유산이 되며(융모성 성선자극호르몬[chorionic gonadotrophin]이 생성되지 않아 임신 테스트기에 나타나지 않는 배아까지 합하면 실제로는 80%로 보는 경우도 있다), 6주된 태아가 85~90%의 확률로 신생아(사람)가 될 수 있다. 이렇듯 싱어와 도슨(Karen Dawson)이 꼬집었듯이 누넌의 해석대로라면 보수주의자는 수태시점이 아닌 6주가 지나서야 비로소 잠재적인 사람으로서의 지위를 갖는다는 것을 인정해야 한다.[121]

누넌을 돕는 차원에서 수정란이 사람이 될 확률을 2분의 1이라고 해보자. 2분의 1 확률로 사람이 될 수 있는 존재가 잠재적인 사람임을 부정할 수 없다. 그렇다면 정자는 어떠한가? 4억분의 1 확률로 사람이 되므로 잠재적인 사람일 수 없는가? 더욱

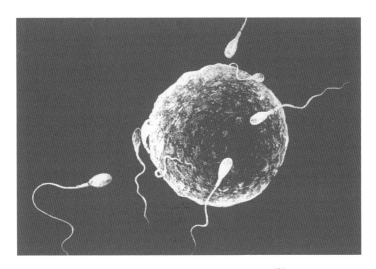

일반적인 견해를 따라 50%의 배아가 자연유산 된다고 해보자.[122] 한 번에 사출되는 정자의 수를 2억 개라고 했을 때, 수정란이 5분의 4의 확률로 사람이 될 수 있다면 정자는 2억5천만분의 1 확률로 사람이 될 수 있다. 반면 수정란이 2분의 1 확률로 사람이 될 수 있다면 정자가 사람이 될 수 있는 확률은 4억분의 1로 줄어든다. 수정란이 사람이 될 확률이 낮아야 오히려 누넌하게 유리하다는 뜻이다.

이 난자는 정자에 비해 사람이 될 확률이 현저히 높다. 그런데도 난자가 잠재적인 사람이 아닌가?

칸트 비판서 3부작을 영어로 번역한 것으로 유명한 철학자 플루하(Werner Pluhar)도 수정란의 사람이 될 확률에 비해 생식세포인 정자와 난자가 사람이 될 확률은 실천적인 의의를 갖지 못할 만큼 현저히 떨어진다고 진단한다.[123] 필자가 아는 한 플루하가 유일하지만 누넌에 동조하는 철학자가 있다는 사실은 놀랍지 않을 수 없다. 굳이 난자가 사람이 될 수 있는 확률을 따지지 않아도 누넌의 주장을 어렵지 않게 부정할 수 있기 때문이다.

7.3 재반론: 정자와 난자가 사람이 될 수 있는 확률이 10의 4만승분의 1은 아니다

출산을 한 달 앞둔 여성과 미혼 여성을 비교해보자. 미혼여성은 상대적으로 실제적인 엄마가 될 확률이 현저히 떨어진다. 예컨대 환경 호르몬에 반복적으로 노출됐던 배우자를 만나면 아이를 갖겠다는 꿈이 무산될 수 있으며, 마음을 바꿔 아이를 갖겠다는 생각을 접거나 남편감을 지나치게 고르다 혼기를 놓칠 수도 있기 때문이다. 그럼에도 잠재적인 엄마임에 틀림없다.

　　나눔로또를 구매한 사람들은 어떠한가? 1등 당첨확률이 8백만분의 1에 불과하지만 구매자 모두가 잠재적인 1등 당첨자임을 부정할 수 없다. 미국 복권 메가밀리언의 2018년 10월 1등 당첨 확률은 3억 260만분의 1에 지나지 않았다. 그런데도 주최측이 사기소송에 휘말리지 않았다는 사실이 구매자 모두가 잠재적인 1등 당첨자라는 것을 말해준다. 한 차례 더 당첨자가 나오지 않았고, 그래서 1등 당첨 확률이 4억분의 1이 됐었다고 해보자. 그렇다면 복권을 구매한 사람들은 잠재적인 1등 당첨자일 수 없는가? 4억분의 1 확률에는 실천적인 의의가 없고, 따라서 1등을 바라고 복권을 구매한 사람들은 바보인가?

자신을 꼭 닮은 딸을 낳고 싶어하는 미혼여성을 생각해보자. 그녀가 잠재적인 엄마라는 데 대해 누넌도 이견을 보이지 않을 것이다. 가난한 취업준비생이 회사를 차리겠다는 포부를 갖고 당첨 확률이 2억 9천만분의 1인 메가밀리언을 샀다면 어떠한가? 추첨일까지는 잠재적인 사장님이라 해야 하는 것은 아닌가? 여기가 필자와 누넌의 생각이 갈리는 대목이다. 누넌이 2억분의 1(실제로는 4억분의 1) 확률에 대해 다음과 같이 대범한 해석을 내놓았기 때문이다.

"풀숲에서 움직이는 것이 사람일 가능성이 2억분의 1이라는 사실을 알고 방아쇠를 당겼을 경우 얼마나 많은 사람들이 신중해야 했다고 생각할지 의문이다. 하지만 사람일 가능성이 5분의 4라는 것을 알고도 당겼다면 비난하지 않을 사람은 거의 없을 것이다."[124]

모르긴 몰라도 누넌의 생각에 동조하지 않는 사람이 필자만은 아닐 것이다. 여하튼 필자는 풀숲에서 움직이는 것이 2억분의

1 확률로 사람일 수 있다면 방아쇠를 당기지 않을 것이며, 방아쇠를 당긴 사람을 목격했다면 신중해야 했다고 조언했을 것이다. 너무 소심한 것 아니냐고 반문할 수 있다. 하지만 다음의 경우를 상상해보자.

생명은 행성에서 날아온 박테리아 포자 형태에서 발생됐다는 범종설(panspermia)에 관심을 보였고 '빅뱅(big bang)'이란 용어를 만든 영국의 천문학자 호일(Fred Hoyle, 1915~2001)은 지구상에 생명체를 발생시켰다는 원생액(原生液)으로부터 우연히 생명이 발생할 확률이 10의 4만승분의 1이라고 주장함으로써 진화론을 부정한다. 10의 4만승분의 1 확률이라는 것이 어떤 확률인지 잘 와닿지 않을 수 있다. 나사 하나까지 완전 분해된 상태로 비행기 고물집적소에 널려 있는 보잉 747 부품들이 토네이도에 휩쓸려 보잉 747로 조립될 확률이 10의 4만승분의 1 확률이라는 것이 호일의 설명으로, 정자가 사람이 될 확률이 10의 4만승분의 1이라면 깨끗하게 누년의 손을 들어 줘야 한다. 하지만 난자보다 사람이 될 확률이 현저히 떨어지는 정자도 고작 4억분의 1 확률로 사람이 될 수 있다.

어느 날 악명 높은 테러단체가 성명을 발표해 전 세계가 들썩였다. 유명 무료 다운로드 사이트 운영자가 자신들이었다는 것이었다. 더욱 충격적인 것은 100명만 더 방문하면 방문자 수가 2억 명을 채우게 되며, 그 때가 되면 방문자 중 무작위로 1명을 골라 살해하겠다는 것이다. 가족이 사이트에 접속하려고 해도 2억분의 1의 확률이라는 이유로 말리지 않겠는가?

누넌으로서는 동의하기 쉽지 않을 것이다. 즉, 4억분의 1 확률에 실천적인 의의를 부여할 수 없다는 생각을 포기하지 않을 수 있다. 하지만 그래서 될 일이 아니다. 그의 주장이 패착인 이유는 오히려 다른 데 있기 때문이다.

갑수는 1,000명 정원의 팝가수 공연티켓을 어렵게 구입했다. 택시를 타고 공연장으로 가던 중 운전사가 충격적인 비밀정보를 알려준다. 테러리스트가 공연장에 500명을 죽일 수 있는 독가스를 살포한다는 것이었다. 2분의 1 확률로 목숨을 걸 수 없다고 생각해 갑수는 관람을 포기한다.

을수는 1,000명 정원의 오페라 공연티켓을 어렵게 구입했다. 택시를 타고 공연장으로 가던 중 운전사가 충격적인 비밀정보를 알려준다. 테러리스트가 공연장에 1명을 죽일 수 있는 독가스를 살포한다는 것이었다. 1000분의 1 확률로 목숨을 걸 수 없다고 생각해 을수는 관람을 포기한다.

설령 누넌이 4억분의 1 확률에 의미를 부여하지 않더라도 2분의 1 확률과 1000분의 1 확률에는 의미를 부여하지 않을 수 없다. 즉, 갑수뿐 아니라 을수도 이성적인 판단을 내렸다는 데 누넌도 동의하지 않을 수 없다. 이를 염두에 두고 다음의 경우를 생각해보자.

"사정을 통해 1억 개의 정자가 배출되면 그 가운데 약 100만 개가 자궁경부 입구의 점액까지 이른다. 이때 질내 압력 변화가 정자를 자궁경부 입구로 빨아들인다. 다시 12시간에 걸쳐 자궁 내부를 통과해 난관에까지 이르는 정자 수는 약 100~500개. 이 중 단 하나의 정자만이 난자 벽을 뚫고 수정에 성공한다." (신동아, 2010. 07. 23)

병수가 아내의 배란시기에 맞춰 관계를 가졌다. 2억 개의 정자가 사출됐고, 12시간 후 500개의 정자가 난관(卵管)에 도달했다고 해보자. 사람이 될 확률이 2분의 1에 달하므로 수정란을 잠재적인 사람으로 보아야 한다면, 사람이 될 수 있는 확률이 1000분의 1에 달하는 난관에 도달한 500개의 정자들 역시 잠재적인 사람으로 보아야 한다. 다시 말해 풀숲에서 움직이는 것이 1000분의 1 확률로 사람일 수 있음에도 방아쇠를 당긴 사람이 있다면 누넌도 신중해야 했다고 나무랄 것이다.

이제 패착 지점이 드러난 셈이다. 난자와 수정란은 단일개체이므로 누넌 식의 산법이 통한다. 문제는 정자의 경우 2억 개의 개체라는 점이다. 사람이 될 수 있는 확률이 4억분의 1에 불과하므로 2억 개의 정자 모두 잠재적인 사람일 수 없다는 것이 누넌의 생각이다. 하지만 사출된 후 시간이 지날수록 확률은 커지며, 자궁경부 입구의 점액에 이를 시점이면 200만분의 1 확률로 사람이 될 수 있고, 12시간이 지나 난관에 이른 500개의 정자의 경우 그 확률이 무려 1000분의 1에 달한다. 묻지 않을 수 없다. 잠재적인 사람이라는 이유로 수정란을 죽이지 말아야 한다면 자궁경부 입구의 점액까지 도달할 100만 개의 수정란도 죽이지 말아야 하는 것은 아닌가?

더욱이 12시간 후 난관에 도달한 500개의 정자는 사람이 될 확률이 무려 1000분의 1에 달한다. 누넌이 주장하는 바와 같이 2억 개의 정자 모두 잠재적인 사람이 아니라면 동일한 정자가 (유의미한) 변화를 겪지 않았음에도 12시간 만에 잠재적인 사람이 됐는가? 확률이 문제라고 해도 난관에 도달한 500개의 정자에게는 장하다는, 대견하다는 등의 평가는 가능할 것이다. 하지만 사람이 아니라는 평가는 가능하지 않다고 보아야 한다. 정리하자면 정자를 마치 2억 개의 세포를 가진 개체인양 취급한 것이 누넌의

태아는 매 단계 신생아와 동등한 권리를 가졌다는 것이 누넌의 입장이다. 잠재력 원리를 지켜내기 위해 누넌에게서 등을 돌리고 권리에 차등을 두는 것으로 출구를 모색하면 어떠한가? 즉, 2분의 1의 확률로 사람이 될 수 있는 수정란의 권리가 4억분의 1의 확률로 사람이 될 수 있는 정자의 권리보다 월등히 크다고 주장하면 어떠한가? 하지만 그와 같이 주장해서는 가톨릭으로서의 정체성을 유지할 수 없다는 것이 문제다. 그와 같이 주장하는 것은 수정란보다 착상 직후의 배아가 그리고 착상 직후의 배아보다 6주된 배아의 권리가 크다고 주장과 다르지 않으나, 수정란을 죽이는 것과 6주된 배아를 죽이는 것 모두 살인이라는 점에서(무고한 사람의 생명을 의도적으로 해치는 행위라는 점에서) 차이가 있을 수 없다는 것이 가톨릭의 입장이기 때문이다. 가톨릭에 몸담지 않은 잠재력 원리 옹호론자도 위의 주장에 동참할 수 없기는 마찬가지다. 사람의 권리에 차등을 두어야 한다고 주장함으로써 퇴행을 자처할 수는 없기 때문이다. 사진은 2017년 향년 90세로 생을 마감한 누넌의 중년 모습이다.

뼈아픈 패착이다.

의문은 이어진다. 설명된 바와 같이 14일 미만의 배아는 개체형성능을 가졌다. 16세포기의 세포들을 분리해 적합한 환경에서 배양하면 각기 배반포로 성장하고, 그들 16개의 배반포를 16명 대리모의 자궁에 이식하면 동일한 유전자를 가진 16명이 태어날 수 있다. 따라서 잠재적인 사람이라는 이유로 수정란을 죽이는 것을 살인으로 보아야 한다면, 같은 이유로 16세포기의 배아를 죽이는 것은 16명을 죽이는 대량학살로 보아야 하는 것은 아닌가?

지금의 기술로는 16명의 신생아로 출생시키는 것이 어려울 것이다. 하지만 미래의 어느 시점에는 가능할 수 있으며, 실제로 그와 같은 일이 일어나면 누넌도 분리된 16개의 세포 모두가 잠재적인 사람임을 부정할 수 없다. 따라서 묻지 않을 수 없다. 잠재적인 사람인지의 여부가 과학기술에 달렸는가?

7.4 보수주의자들의 답변 2: 정자/난자의 잠재력은 정체성이 담보되지 않은 잠재력이다

도토리에게 상수리나무로 성장할 잠재력이 있다는 것을 부정할 수 없다. 도토리에 어떤 (비를 맞는 등의) 일이 발생하고 어떤 (새순

이 산짐승에 먹히는 등의) 일이 발생하지 않는다면 결국 상수리나무
가 될 것이기 때문이다. 상수리나무가 대체플라스틱이 될 잠재력
은 어떠한가?

"톱밥을 신소재의 원료로 사용하는 연구가 일본의 한 지방도시
에서 진행되고 있습니다. "(톱밥을) 나노미터(백만분의 1 밀리미
터)까지 계속 잘라가다 보면 철보다 가벼우면서도 강한 소재가
만들어질 수 있습니다." 톱밥에서 나오는 셀룰로스로 대체플라
스틱을 만드는 연구도 병행되고 있습니다. … 톱밥의 성분인 셀
룰로스를 화학적인 처리를 거쳐 240도의 열을 가하면 누런 색
의 플라스틱이 만들어집니다. "(셀룰로스에 뭘 넣었나요?) 유기용
제입니다. (어떤 용제인가요?) 그건 말할 수 없습니다." [구라시키
과학대학 오카다 교수] 이 톱밥 성분으로 만들어진 플라스틱은
백도가 넘는 열에도 견딜 수 있기 때문에 전자렌지에서도 사용
할 수 있습니다." (MBC 뉴스테스크, 2009. 07. 18)

상수리나무도 대체플라스틱이 될 잠재력을 가졌다고 보아
야 한다. 상수리나무에 어떤 (불에 타는 등의) 일이 발생하지 않고
어떤 (특정 유기용제와 섞여 가열되는 등의) 일이 발생하면 결국 대체
플라스틱이 될 것이기 때문이다.

하지만 특정 도토리가 상수리나무가 될 잠재력과 특정 상수리나무가 특정 대체플라스틱이 될 잠재력 사이에는 차이점이 존재한다. 특정 도토리와 특정 상수리나무는 동일한 대상인 반면(특정 상수리나무는 특정 도토리 시점부터 존재한 반면), 특정 상수리나무와 그 상수리나무를 갈아 화학 처리해 만든 대체플라스틱은 동일한 대상이 아니다(특정 대체플라스틱이 특정 상수리나무 시점부터 존재했다고 볼 수 없다). 즉, 도토리의 상수리나무가 될 잠재력은 정체성이 담보된 잠재력인 반면, 상수리나무의 대체 플라스틱이 될 잠재력은 정체성이 담보되지 않은 잠재력이다. 바로 여기서 잠재력 원리 옹호론자들의 답변 하나가 시작된다.

아리스토텔레스는 잠재력을 적극적인 잠재력(active potentiality)과 소극적인 잠재력(passive potentiality)으로 분류했으며, 아퀴나스도 동의했다. 잠재력 원리 옹호론자들 역시 이들 두 잠재력의 차이점에 의존해 정자/난자의 잠재력과 수정란이 잠재력을 차별한다. 즉, 정체성을 확보하지 못한, 따라서 존재론적 지위(ontological status)를 갖지 못한 대상은 그 자체로 존중받을 도덕적 지위(moral status)를 갖지 못한 반면, 정체성을 확보한, 따라서 존재론적 지위를 가진 대상은 그 자체로 존중받을 도덕적 지위를 가졌다는 것이다.

1879년 어느 날 케테반 겔라제(Keke Geladze)의 배란기에 맞춰 베사리온 주가슈빌리(Besarioh Jughashvili)의 정자가 사출됐다. 베라시온의 정자가 케테반의 난자를 수정시킨 시점 이전에 이오시프 스탈린(Iosif Stalin)이 존재했을 리 없다. 수정이 되며 베라시온, 케테반과 유전적으로 별개인 새로운 개체가 생겨났기 때문이다. 이렇듯 정자와 난자의 잠재력은 (상수리나무가 대체플라스틱이 될 잠재력과 마찬가지로) 정체성이 담보되지 않은 잠재력인 반면, 베라시온의 정자에 의해 수정된 케테반의 난자는 스탈린과 동일한 개체이고, 따라서 정체성이 담보된 잠재력이라는 것이 잠재력 원리 옹호론자들의 주장이다. 왼쪽부터 15세의 스탈린, 부친 베사리온, 모친 케테반의 사진이다.

"기존하는 존재는 그 자체로 존중받을 가치가 있는 존재가 될 능력이나 힘을 가졌으므로 존중해야 할 대상이다. 그와 같은 존재를[그 자체로 존중받을 가치가 있는 존재가 될 능력이나 힘을 가진 존재를] 존중해야 하는 이유는 그가 성장해서 될 존재와 동일한 존재이기 때문이다. 기존하는 존재는 그 자체로 존중받을 가치가 있는 존재가 될 잠재력을 가졌다."[125]

그 자체로 존중받을 가치가 있는 존재가 될 수 있는 능력이나 힘을 가진 대상은 존중해야 한다면, 그리고 그 이유가 그가 성장해서 될 대상과 동일한 존재이기 때문이라면, 수정란은 그가 성장해서 될 대상과 동일한 존재이고 정자와 난자는 그렇지 못한 이유가 무엇인가? 이 물음에 대해 버클은 수정란은 동일한 유전자 코드를 지녔기 때문이라는, 즉 정자나 난자와 달리 유전적인 연속성을 유지하기 때문이라는 답변을 내놓는다.

버클에 따르면 정자와 난자는 복합적 통일체(complex unity)도 지배적인 조직체(overarching organization)도 아니다. 통일체, 복합체는 수정이 되며 생겨나므로 정자와 난자의 잠재력은 쌍으로 보아도 '무엇을 낳을 잠재력(potential to produce)'인 반면, 수정란의 잠재력은 '무엇이 될 잠재력(potential to become)'이다. 이들 두 잠재력 중 특정 개체와의 정체성을 유지하는 잠재력은 후자의 잠재력으로, 쌍으로도 특정 개체와의 정체성을 유지하지 못하는 전자의 잠재력에는 의미를 부여할 수 없다.[126]

정자와 난자는 수정란과 달리 '특정 잠재적인 사람'이 아니라는 데 동의할 수 있다. 하지만 그런 이유로 정자와 난자를 죽이는 것은 살인이 아닌 반면 수정란을 죽이는 것은 살인으로 볼 수 있는지가 문제다. 스탈린과 베사리온의 정자/케테반의 난자 사이에 유전적 연속성이 유지되지 않은 것 맞다. 그들 정자와 난자

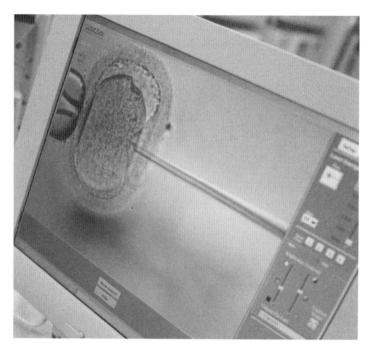

정체성이 담보된 잠재력인지의 여부 이외에도 잠재력 원리 옹호론자들은 소소한 다른 이유들을 제시한다. 예컨대 철학자 웨너(Richard Werner)에 따르면 "모든 조건이 그대로라면 수정란은 자라서 사람이 될 것이다. 반면 [생식세포인] 난자와 정자는 어떤 환경이 주어져도 그 자체로서 성장과 발육을 할 수 없다. 생식세포는 혼자서는 지금의 상태인 생식세포 상태를 벗어날 수 없다."[127] 덕윤리학자 허스트하우스(Rosalind Hursthouse) 역시 웨너로부터 바톤을 넘겨 받아 "어떤 대상이 외적 개입 없이 독자적으로 F가 될 수 있는 경우에만 그 대상은 잠재적인 F다"라고 주장한다.[128] 하지만 이 해석 역시 설득력을 갖지 못한다. 위의 해석 대로라면 모든 부품이 갖춰진 한 세트의 조립식 가구 부품들이 잠재적인 가구일 수 없을 뿐 아니라, 난자와 정자를 채취해 배양관에서 수정시킨 수정란도 잠재적인 사람일 수 없기 때문이다. 이들 자잘한 견해에 대한 논의는 생략하고자 한다. 사진은 난자를 체외수정 시키고 있는 장면이다.

가 만나 그들과 유전적으로 별개인 새로운 개체, 즉 수정란이 생겨났기 때문이다. 하지만 수정란이 문제다. 버클의 주장이 성립하기 위해서는 스탈린이 수정란 시점에 처음 존재했어야 한다. 정말로 그랬는지 의문이며, 유전적인 정체성이 잠재력과 도덕적으로 유관한 개념인지에 대해서도 의문을 갖지 않을 수 없다.

7.5 재반론: 우리는 수정란 시점에 처음 존재하지 않았다

"'카틴 숲 학살'의 악몽이 재연된 것일까. 지난 4월 10일 레흐 카친스키 폴란드 대통령은 2차 세계대전 당시 폴란드 장교·지식인 2만2000여 명이 떼죽음을 당한 '카틴 숲 학살사건' 추모행사에 참석하기 위해 러시아로 가던 길에 특별기가 추락하면서 생을 마감했다. 특별기에 함께 탔던 부인과 정계 지도자들도 한꺼번에 목숨을 잃었다. 카친스키의 장례는 폴란드인들의 비탄 속에 국장으로 치러졌다. 카친스키는 보안장관, 법무장관, 바르샤바 시장 등을 거쳐 2005년 대통령에 당선됐으며, 동생인 야로스와프가 총리가 되면서 '쌍둥이 정부'를 꾸렸다." (경향신문, 2010. 12.26)

1948년 9월 18일을 전후해 어떤 한 배아가 일란성 쌍둥이로 분열된다. 9개월 후 그들 중 한 명은 레흐 카친스키라는 이름을, 그리고 나머지 한 명은 야로슬라브 카친스키라는 이름 얻는다. 세월이 흘러 2005년에 레흐는 폴란드 대통령에 당선이 됐고, 이듬해 야로슬라브는 폴란드 총리에 당선된다.

1948년 9월 18일로 돌아가보자. 그 무렵 일란성 쌍둥이로 분열된 두 배아 중 하나는 잠재적인 폴란드 대통령이라는 지위를 획득했고, 다른 배아는 잠재적인 폴란드 수상이라는 지위를 획득했다. 그리고 그들이 획득한 지위는 정체성이 담보된 잠재력이었다.

버클 등 잠재력논변 옹호론자들이 주장하는 바와 같이 수정란은 그 자체로 존중받을 존재와 유전적 연속성을 유지하므로 그렇지 못한 정자/난자와 차별해야 한다고 해보자. 즉 수정란은 정체성이 담보된 잠재력을 갖지 못한 정자/난자와 달리 성인이 가진 생명권을 가졌다고 해보자. 그렇다면 1948년 9월 18일 무렵 쌍둥이로 분열된 두 배아 중 하나는 폴란드 대통령의 권리를, 다른 하나는 폴란드 수상의 권리를 가졌어야 한다. 의식도 없고 육안으로는 식별조차 어려운 배아에게 그와 같은 권리가 있었는가? 유전적인 정체성이 잠재력과 도덕적으로 유관한 개념이라는 데 대해 의문을 가질 수밖에 없는 이유이다.

1893년에 11세의 프랭클린 루스벨트(왼쪽 사진)는 정체성이 담보된 잠재적인 미국 대통령이었다. 1937년에 13세의 지미 카터(오른쪽 사진)도 정체성이 담보된 잠재적인 미국 대통령이었다. 하지만 당시 그들에게 군을 통솔할 권리는(커녕 대통령 집무실에 발을 디딜 권리도 없었다.

　　보다 심각한 물음은 우리가 수정란 시점에 처음 존재했는가이다. 잠재력 원리 옹호론자들에 따르면 정자와 난자는 특정 잠재적인 사람일 수 없고, 수정란은 특정 잠재적인 사람이다. 다시 말해 스탈린이 처음 존재한 시점은 베사리온의 정자가 케테반의 난자를 수정시킨 시점이다. 정말로 스탈린이 수정란 시점에 처음 존재했는가? 그렇지 않다면 수정란 역시 특정 잠재적인 사람일 수 없으며, 따라서 특정 잠재적인 사람이 아니라는 이유로 정자와 난자를 차별할 수 없다.

앞서 논의된 육선 씨 예를 다시 생각해보자. 육선 씨가 애지중지하던 반려식물 라임이는 정사각형의 뿌리에서 라임 모양의 16개 가지가 정확히 같은 크기로 올라온 특이한 모양을 하고 있다. 그런데 어느 날 가정부가 라임이를 정확히 8개씩 반으로 갈라 다른 두 화분에 옮겨 심고 각기 일순이와 이순이라고 이름까지 지어줬다. 상황이 이렇다면 라임이는 더 이상 존재하지 않는다고 보아야 한다. 정확히 양분했으므로 일순이와 이순이 둘 중 어느 한쪽을 라임이로 볼 수 있는 근거가 전무하기 때문이다.

그런데 이와 동일한 현상이 14일 미만의 배아에게서 일어난다. 즉, 14일 미만의 배아는 일란성 쌍둥이로 분열될 수 있다. 1879년 어느 날 베사리온의 정자가 케테반의 난자를 수정시켰고, 이후 5일째 되는 날 그 수정란으로부터 성장한 배아가 일란성 쌍둥이로 분열됐다고 해보자. 분열되기 이전의 배아를 'a', 그리고 분열된 두 배아를 각기 'b'와 'c'라고 해보자. 그렇다면 b를 a라고 볼 수 있는 근거가 전무하며, c를 a로 볼 근거 역시 전무하다. 뿐만 아니라 b와 c 모두가 a일 수도 없다. 그렇다는 것은 'b=c'라는 말과 다르지 않으며, 따라서 수십 년 후 b가 대학살을 저질렀어도 c를 처단할 수 있다는 말과 다르지 않다. (b와 c 모두가

a라는 것은 'a=a+a'라는 뜻으로, 이는 논리에 대한 모욕이다.)

더욱이 분열된 일란성 쌍둥이가 다시 합쳐지는 융합현상까지 일어난다. b와 c가 융합되어 d가 됐다고 해보자. 그렇다며 b를 d라고 볼 수 있는 근거가 전무하며, c를 d로 볼 근거 역시 전무하다.

이렇듯 수정란 시점에 스탈린이 존재했다면, 그리고 스탈린의 정체성을 유지한 5일된 배아가 일란성 쌍둥이로 분열됐다면, 스탈린은 5일 시점에 더 이상 존재하지 않게 됐으며(죽었으며) 새로이 b와 c 두 개체가 생겨났다고 보아야 한다. 또한 b와 c가 6일째 되는 날 융합됐다면 b와 c는 그 시점에 더 이상 존재하지 않게 됐고 d라는 새로운 개체가 생겨났다고 보아야 한다.

이렇듯 우리가 처음 존재한 시점이 수정란 시점일 수 없다. 즉, 일란성 쌍둥이로 분열되는 그리고 분열된 배아가 융합되는 현상이 더 이상 일어나지 않는 14일 이후에 처음 존재했다고 보아야 한다.

이제 특정 잠재적인 사람이 아니라는 이유로 정자와 난자를 차별할 수 없는 이유가 명백해졌다. 즉, 버클의 주장대로 특정 잠재적인 사람이 아니라는 이유로 정자와 난자의 잠재력에 의미를 부여할 수 없다면, 14일도 못 가서 정체성을 잃을 수 있는 수정란의 잠재력에도 의미를 부여할 수 없다.

14일 미만의 배아가 일란성 쌍둥이로 분열될 수 있다는 사실은 버클의 주장과 관련해 또 다른 중요한 함의를 가진다. 버클에 따르면 정자와 난자의 잠재력은 쌍으로 생각해도 '무엇을 낳을 잠재력'에 지나지 않는 반면 수정란의 잠재력은 '무엇이 될 잠재력'이며, 이들 두 잠재력 중 특정 개체와의 정체성을 유지하는 후자의 잠재력에만 의미를 부여할 수 있다.

하지만 설명된 바와 같이 일란성 쌍둥이로 분열되며 정체

버클의 해석대로라면 식빵을 만들기 위해 준비한 밀가루, 물, 이스트가 가진 잠재력은 '식빵이 될 잠재력'이 아닌 '식빵을 낳을 잠재력'이다. 한편 그들이 반죽됐다면 반죽이 가진 잠재력은 '식빵이 될 잠재력'이다. 식빵을 버리는 것이 그르다고 해도, 버클의 주장대로라면 반죽을 굽지 않고 버리는 것은 그른 반면 밀가루, 물, 이스트를 버리는 것은 그르다고 할 수 없다. 정말로 그런가?

성을 유지하지 못하므로 수정란의 잠재력도 '무엇이 될 잠재력'이 아닌 '무엇을 낳을 잠재력'으로 보아야 한다. 즉, 일란성 쌍둥이로 분열되는, 그리고 그들이 다시 융합되는 현상이 일어나는 14일 미만의 배아는 특정 성인과의 정체성을 유지하지 못하며, 따라서 14일 미만의 배아가 가진 잠재력은 '무엇이 될 잠재력'이라고 할 수 없다. '무엇을 낳을 잠재력'과 '무엇이 될 잠재력'의 차이에 의존해 수정란을 정자/난자와 차별하고자 한 버클의 시도는 무위로 돌아갔다고 보아야 한다.

가톨릭을 위시한 보수주의자들은 수정란 시점부터 태아를 사람으로 규정한다. 인공임신중절 수술은 물론 미프진뿐 아니라 심지어 노레보와 엘라원에 대해서도 날을 세우는 이유이다. 단세포를 사람으로 규정함으로써 비종교인들의 발목까지 잡은 이상 그렇게 보아야 하는 대낮 같은 이유를 밝혀야 한다. 하지만 논의된 바와 같이 보수주의자들로부터 어느 하나 뚜렷한 논거를 들을 수 없었다. 그들의 용기가 한편 부럽기도 하다. 필자와 같이 소심한 사람에게는 성경이 침묵하는 내용을 뚜렷한 논거 없이 강요함으로써 (인구문제는 차치하더라도) 여성들을 궁지에 몰아넣을 용기가 없기 때문이다.

페미니스트 철학자 워런은 "낙태는 머리를 자르는 것만큼이나 도덕적으로 중립적(morally neutral)이다"고 단언한다. 그녀에 동조한다는 얘기가 아니다. 생태학자 하딘(Garrett Hardin)을 따라 "접합체(수정란)의 가치는 제로에 가깝다"고 표현하고 싶지도 않다. 하지만 진지하게 자문해 볼 것을 권한다. 정말로 고통을 느끼지 못하고 자의식도 없는 0.1mm 단세포가 사람이고 따라서 생명권을 가졌는지.

　　물론 보수주의자들의 주장을 부정한 것으로 만족할 수 없다. 필자에게도 어느 시점부터 태아가 사람인지를(생명권을 가지는지를) 규명해야 할 책임이 있기 때문이다. 그 책임은 머지 않아 출간될『동물중심적 평등주의 – 피터 싱어의 동물해방론, 탐 레건의 동물권 옹호론 그리고 대안 찾기(가제)』'2부'에서 이행하고자 한다.

부록: 훈수 처리하기

논의된 바와 같이 보수주의자들은 다음의 두 원리를 제시함으로써 수정란의 잠재력에 의미를 부여한다.

강한 잠재력 원리

성인에게 생명권을 부여한 속성을 어떤 대상이 잠재적으로 보유하고 있다면, 그 대상에게 현재에도 생명권이 있다.

약한 잠재력 원리

성인에게 생명권을 부여한 속성을 어떤 대상이 잠재적으로 보유하고 있다면, 그 속성을 갖게 되는 자연적인 과정을 차단하지 말아야 한다.

하지만 영국의 철학자 해리스(John Harris)가 제시한 다음의 해석이 옳다면 보수주의자들은 정자와 난자의 잠재력에도 의미를 부여해야 하며, 따라서 살정제는 대량 학살도구이고 배란기에 금욕을 하는 여성을 비난해야 한다.

"수정란이 잠재적으로 사람이라는 것은 수정란에 어떤 (착상과 같은) 일이 발생하고 어떤 (자연유산과 같은) 일이 발생하지 않는다면 결국 사람이 될 것이라는 말과 다르지 않다. 미수정 난자와 정자의 사정도 다르지 않다. 난자에 어떤 (정자를 만나는 것과 같은) 일이 발생하면, 정자에 어떤 (난자를 만나는 것과 같은) 일이 발생하면, 그리고 어떤 (피임약을 만나는 것과 같은) 일이 발생하지 않는다면 결국 사람이 될 것이다."[129]

이렇듯 해리스의 해석이 설득력을 얻기 위해서는 사멸한 정자, 난자, 수정란에 대해서도 설명력을 가질 수 있어야 한다. 즉, 사멸한 수정란에 대해 어떤 (착상과 같은) 일이 발생했더라면 그리고 어떤 (자연유산과 같은) 일이 발생하지 않았더라면 결국 사람이 됐을 것이라는 해석이 가능해야 하며, 사멸한 정자와 난자에 대해서도 어떤 (난자를 만나는 것과 같은) 일이 발생했더라면, 어떤 (정자를 만나는 것과 같은) 일이 발생했더라면, 그리고 어떤 (피임약을 만나는 것과 같은) 일이 발생하지 않았더라면 그들은 결국 사람이 됐을 것이라는 해석이 가능해야 한다.

철학자 페렛(Roy Perrett)의 보수주의를 위한 훈수에 주목해야 하는 대목이다. 페렛은 약한 잠재력 원리를 부정한다. 하지만 육체적인 가능성(physical possibility)의 경우는 부분적으로 가정적 조건문(subjunctive conditionals)으로 해석해야 한다는, 즉 '어떤 조건이 충족됐더라면 어떤 일이 발생했을 것이다'는 의미로 해석해야 한다는 철학자 애니스(David Annis)의 주장을 수용함으로써, 130 다음과 같이 잠재력 원리 옹호론자들에게 묘수를 훈수 둔다.

"잠재력이라는 개념은 (적어도 부분적으로는) 가정적 조건문으로, 만약 어떤 조건들이 충족됐더라면 어떤 일이 발생했을 것이라는 의미로 해석할 수 있다. 이렇듯 "정자, 난자 한 쌍은 잠재적인 수정란이다"는 것은 (부분적으로) "만약 정자, 난자 한 쌍이 결합했더라면, 그들은 태아를 생겨나게 했을 것이다"는 의미로 해석할 수 있다. 또한 "태아가 잠재적인 사람이다"는 것도 (부분적으로) "만약 태아가 착상됐고 정상적으로 성장했더라면, 태아는 사람이 됐을 것이다"는 의미로 해석할 수 있다. 하지만 또 정자, 난자 한 쌍의 잠재력과 태아의 잠재력을 동일시하는 논증에는 타당하지 않은 추론이 포함됐다고 할 수 있다. 왜냐하면 가정적 조건문(subjunctive conditionals)에서는 이행성(transitivity)이 성립하지 않기 때문이다. 즉, '〉'을 [가정적] 조건문 연결사라고 했을 때 'A〉B', 'B〉C'로부터 'A〉C'를 추론해낼 수 없기 때문이다. … 가정적 조건문의 비이행성에 대한 일반적인 관점이 태아가 잠재적인 사람임을 인정하고 정자, 난자 한 쌍에 대해서는 잠재적인 사람임을 부정할 수 있게끔 잠재력의 의미를 해석할 수 있는 여지를 제공한다."[131]

가정적 조건문의 비이행성을 들여다보면 수정란을 정자/난자와 차별할 수 있는 묘수가 보일 수도 있다는 것이 페렛의 훈수다. 그의 훈수를 검토하기에 앞서 조건문을 대표하는 다음의 두 주장을 비교해보자.

조건문 1: "만약 오스왈드가 케네디를 죽이지 않았다면, 어떤 다른 사람이 죽였다(If Oswald didn't kill Kennedy, someone else did)."

조건문 2: "만약 오스왈드가 케네디를 죽이지 않았더라면, 어떤 다른 사람이 죽였을 것이다(If Oswald hadn't kill Kennedy, someone else would have)."[132]

위의 두 조건문은 얼핏 봐도 차이가 확연하다. 직설적 조건문(indicative conditionals)이라 불리는 '조건문 1'의 경우 케네디가 죽임을 당했다는 것을 기정사실화 하고 있지만, 오스왈드가 케네디를 죽이지 않았을 가능성을 열어놓고 있다. 또한 케네디가 실제로 암살당했다는 것을 아는 사람이라면 참으로 여길 것이다.

하지만 '조건문 2'는 성격을 달리한다. 즉, 케네디가 죽임을 당했다는 것과 오스왈드가 케네디를 죽였다는 것을 기정사실화 하고, 케네디의 암살은 불가피한 일이었다는 불확실한 주장을 하고 있다. 이와 같은 조건문을 (직설적 조건문과의 서법적 차이점을 부각시켜) 가정적 조건문(subjunctive conditionals)이라 부르며, (직설적 조건문과 달리 반사실적인 가정을 하고 있다는 의미에서) 반사실적 조건문(counterfactual conditionals)으로도 부른다.[133]

물론 위의 차이점 이외에도 문법적, 의미론적으로 수많은 차이점이 존재한다.[134] 하지만 차이점은 이쯤 해두고 페렛으로 돌아가보자. 페렛은 가정적 조건문의 비이행성(nontransitivity)을 처음 지적한 스탈니커(Robert Stalnaker)의 예를 들어 '〉'을 가정적 조건문의 연결사라고 했을 때 'A〉B, 'B〉C'로부터 'A〉C'를 추론해낼 수 없다고 설명한다. (FBI 초대 국장이었던 에드거 후버(Edger Hoover)는 '공산주의자 색출꾼'이란 별명을 얻었을 정도로 철저한 반공산주의자였다.)

a. 만약 에드거 후버가 공산주의자였더라면, 그는 반역자였을 것이다.

b. 만약 에드거 후버가 러시아에서 태어났더라면, 그는 공산주의자였을 것이다.

그러므로

c. 만약 에드거 후버가 러시아에서 태어났더라면, 그는 반역자였을 것이다.[135]

스탈니커가 지적한 바와 같이 'a'와 'b'를 긍정하고 결론인 'c'를 부정하는 것이 합리적일 수 있다.[136] 즉, 위의 논변은 가언적 삼단논법(hypothetical syllogism)일 수 없다는 것을 염두에 두고 페렛의 훈수를 생각해보자. 페렛에 따르면 "한 쌍의 정자와 난자는 잠재적인 태아다"는 것을 부분적으로 다음의 'a'의 의미로, 그리고 "태아는 잠재적인 사람이다"는 것을 부분적으로 다음의 'b'의 의미로 해석할 수 있으며, 이들 두 전제를 긍정하고 다음의 'c'를 부정할 수 있다.

a. 만약 한 쌍의 정자와 난자가 결합했더라면, 그들은 태아를 생겨나게 했을 것이다.

b. 만약 태아가 착상이 됐고 정상적으로 성장했더라면, 태아

는 사람이 됐을 것이다.

그러므로

c. 만약 한 쌍의 정자와 난자가 결합했더라면, 그들은 사람
이 됐을 것이다.

위의 두 전제와 결론 모두 가정적 조건문이다. 따라서 'a'와
(한 쌍의 정자와 난자는 잠재적인 태아라는 것과) 'b'를(태아는 잠재적인 사
람이라는 것을) 긍정하고 결론인 'c'를(정자, 난자 한 쌍이 잠재적인 사
람이라는 것을) 부정할 수 있는 가능성을 열어놔야 한다는 것이다.

페렛이 단지 가능성만을 짚은 이유는 위의 두 전제가 각기
"정자, 난자 한 쌍은 잠재적인 수정란이다"는 데 대한 그리고 "태
아가 잠재적인 사람이다"는 데 대한 부분적인 해석인 가정적 조
건문으로 해석했기 때문이며, 따라서 그 잠재력의 부분적인 해석
을 깊이 분석하면 길이 보일 수도 있다는 것이다. 하지만 해리스
의 해석에 비추어 볼 때 그 길을 찾을 수 있을지 의문이다.

페렛이 "만약 태아가 착상됐고 정상적으로 성장했더라면,
태아는 사람이 됐을 것이다"라고 표현한 것으로 미루어 수정란
시점부터 출생 이전까지의 존재를 태아로 통칭했다고 보아야 한
다. 하지만 해리스의 해석에 힘입어 수정란에 대해서도 다음의
주장이 가능하다는 것이 문제다.

a. 만약 수정란이 착상에 성공했더라면, 수정란은 뇌가 생성된 태아로 성장했을 것이다.

b. 만약 뇌가 생성된 태아가 낙태기구를 만나지 않고 정상적으로 성장했더라면, 뇌가 생성된 태아는 사람이 됐을 것이다.

   그러므로

c. 만약 수정란이 착상에 성공했더라면, 수정란은 사람이 됐을 것이다.

두 전제와 결론 모두 가정적 조건문이다. 따라서 'a'와(수정란은 잠재적인 뇌가 생성된 태아라는 것과) 'b'를(뇌가 생성된 태아는 잠재적인 사람이라는 것을) 긍정하고 'c'를(수정란이 잠재적인 사람이라는 것을) 부정할 수 있다. 다시 말해 가정적 조건문의 비이행성에 대한 일반적인 관점이 뇌가 생성된 태아가 잠재적인 사람임을 인정하고 수정란에 대해서는 잠재적인 사람임을 부정할 수 있게끔 잠재력의 의미를 해석할 수 있는 여지를 제공한다는 반론이 가능하다.

이렇듯 가정적 조건문의 비이행성에 의존해 수정란을 정자/난자와 차별하는 것이 가능하다면, 뇌가 생성된 태아와 수정란을 차별하는 것도 가능하다고 해야 할 것이다. 즉, 보수주의를 위한 페렛의 훈수는 해프닝으로 끝났다고 보아야 한다.

찾아보기

논의된 문헌

A

Adams, Ernest 1970. "Subjunctive and Indicative Conditionals", Foundations of Language, Vol. 6, No 1.

Annis, David 1984. "Abortion and the Potentiality Principle", Southern Journal of Philosophy, Vol. 22.

Aquinas, Thomas. Summa Contra Gentiles, Electronic edition of St. Thomas Aquinas (Harmony Media). 본문은 'Human Genome and the Beginning of Life'(CB Kusmaryanto, www.e-journal.usd.ac.id) 에서 재인용했음.

_____ Summa Theologica, Electronic edition of St. Thomas Aquinas (Harmony Media). 본문은 'Human Genome and the Beginning of Life'(CB Kusmaryanto, www.e-journal.usd.ac.id)에 서 재인용했음.

_____ Quaestiones disputatae de potential dei, Trans. English Dominican Fathers (London: Burns, Oates and Washburn, 1923). 코흐-헐쉬노브(Koch-Hershenov)에서 재인용했음.

B

Benn, Stanley 1984. "Abortion, Infanticide, and Respect for Persons", in Joel Feinberg ed., The Problem of Abortion 2nd edition (Belmont, California: Wadsworth Publishing Company).

Boonin, David 2002. A Defense of Abortion (Cambridge: Cambridge University Press).

Buckle, Stephen 1988. "Arguing from Potential", Bioethics, Vol. 2, No. 3. 싱어(Peter Singer) 등이 공동 편집한 Embro Experimentation Ethical, Legal and Social Issues (Cambridge University Press 1990) 90~108면에 재 수록됐으며, 본문의 페이지 수는 재 수록된 책의 것임.

C

Cahill, Lisa 1993. "The Embryo and the Fetus: New Moral Contexts", Theological Studies, Vol. 54.

Curtis, Benjamin 2012. "A Zygote Could be a Human: A Defence of Conceptionism Against Fission Arguments", Bioethics, Vol. 26.

D

Descartes, Rene 1985. The Philosophical Writings of Descartes, vol. 2, trans. J. Cottingham, R. Stoothoff, and D. Murdoch (Cambridge: Cambridge University Press).

_____ 1991. The Philosophical Writings of Descartes, vol. 3, trans. John Cottingham, Robert Stoothoff, Duglad Murdoch, and Anthony Kenney (Cambridge: Cambridge University Press).

Donceel, Joseph 1970. "Immediate Animation and Delayed Hominization", Theological Studies, Vol. 31.

드레버만, 오이겐 2009. 『우리 시대의 신앙』(피피엔, 김현천 옮김, 2010).

Dworkin, Ronald 1977. Taking Rights Seriously (Duckworth).

_____ 1985. A Matter of Principle (Oxford University Press).

_____ 1994. Life's Domain (New York: Vintage).

DiSilvestro, Russell 2005. "Human Embryos in the Original Positions?", Journal of Medicine and Philosophy, Vol. 30.

E

Eberl, Jason 2000. 'The Beginning of Personhood: A Thomistic Biological Analysis', Bioethics, Vol.14.

_____ 2007. "A Thomistic Perspective on the beginning of Personhood: Redux", Bioethics, Vol. 21, No. 5. 본문의 쪽수는 인터넷 버전의 것임.

_____ 2014. "Persons with Potential" in John Lizza ed. Potentiality Metaphysical and Bioethical Dimensions (Johns

Hopkins University Press).

Engelhardt, Tristam 1977. Philosophical Medical Ethics (Reidel).

F

Feinberg, Joel 1992. Freedon and Fulfillment Philosophical Essays (New Jersey: Princeton University Press).

_____ 1980. Rights, Justice, and the Bound of Liberty (Princeton, NJ: Princeton University Press).

Fienus, Thomas 1620. De formatrice foetus liber (Antverpiae).

Fintel, Kai 2012. "Subjunctive Conditionals", in Gillian Russell and Delia Graff Fara eds. The Routledge Companion to Philosophy of Language (New York: Routledge).

Foot, Philippa 1967. "The Problem of Abortion and the Doctrine of the Double Effect", The Oxford Review, No. 5.

Ford, Norman 1988. When Did I Begin? Conception of the Human Individual in History, Philosophy, and Science (Cambridge: Cambridge University).

Frankfurt, Harry 2003. 'Alternative Possibilities and Moral Responsibility', in Gary Watson (ed.) Free Will (Oxford: Oxford Univerity Press).

G

Gardner, Charles 1989. "Is an Embryo a Person?" The Nation, Vol. 13.

Ginet, Carl 1990. On Action (Cambridge: Cambridge University Press).

Grobstein, Clifford 1988. Science and the Unborn: Choosing Human Futures (New York: Basic Books).

H

학원사역부 엮음 1997, 『성경적 관점에서 본 생명의료윤리』 (한국누가회 문서출판부).

Harris, John 1985. The Value of Life: an Introduction to Medical Ethics (London Routledge & Kegan Paul).

Hershenov, David and Koch-Hershenov, Rose 2006, "Fission and Confusion", Christian Bioethics, Vol. 12, Issue. 3, 237~254면. 본 문의 페이지 수는 인터넷 버전의 것임(https://www.acsu.buffalo. edu/~dh25/articles/Fission%20and%20Confusion.pdf).

Hursthouse, Rosalind 1987. Beginning Lives (Oxford: Blackwell).

I

Iglesias, Teresa 1984. "In Vitro Fertilization: the Major Issues", Journal of Medical Ethics, Vol. 10.

J

Jasper, James and Nelkin, Dorothy 1991. The Animal Rights Crusade (New York: The Free Press).

K

Khoo, Justin 2015. "On Indicative and Subjunctive Conditionals", Philosopher's Imprint, Vol. 15, No. 32.

Koch-Hershenov, Rose 2006. Totipotency, Twinning, and Ensoulment at Fertilization, Journal of Medicine and Philosophy, Vol. 31.

Koop, Everett 1976. The Right to Live, the Right to Die (Wheaton, Illinois: Tyndale).

Lizza, John 1993. "Persons and Death", Journal of Medicine and Philosophy, Vol. 18.

L

Lang, Gerald 2012. "Is there Potential in Potentiality?", Philosophical Papers, Vol. 41, No. 1.

Lee, Patrick 1996. Abortion and Unborn Human Life (Catholic University of America Press).

Locke, John 1690. Essay Concerning Human Understanding (Oxford University Press, 1975).

Lu, Mathew 2013. "The Ontogenesis of the Human Person: A Neo-Aristotelian View", University of St. Thomas Journal of Law and Public Policy, Vol. 8, No. 1.

M

Mahoney, John 1984. Bioethics and Belief (London: Sheed and Ward).

Malm, Heidi 1989. 'Killing, Letting Die, and Simple Conflict', Philosophy and Public Affairs, Vol. 18, No, 3.

Mangan, Joseph 1949. 'An Historical Analysis of the Principle of Double Effect', Theological Studies, Vol. 10.

Marquis, Don 1989. "Why Aborion is Immoral", The Journal of Philosophy, Vol. 76, No. 4.

McConnell, Terrence 2000. Inalienable Rights The Limits of Consent in Medicine and the Law (New York: Oxford Press).

N

Noonan, John 1970. 'An Absolute Value in History' in John Noonan (ed.) The Morality of Abortion Legal and Historical Perspectives (Harvard Univ. Press, Cambridge, Mass.).

P

Perrett, Roy 2000. "Taking Life and the Argument from Potentiality", Midwest Studies in Philosophy, XXIV.

Pluhar, Werner 1977. 'Abortion and Simple Consciousness', Journal of Philosophy, Vol. 74.

R

Reiman, Jeffrey 1999. Abortion and the Ways We Value Human Life (Rawman & Littlefield Publishers, Inc.).

Rosenbaum, Stephen 1986. "How to Be Dead and Not Care: A Defense of Epicurus" American Philosophical Quarterly 23, No.2 in Metaphysics of Death John Fischer ed. The Metaphysics of Death (Stanford University Press, 1993).

임종식 2014. 『형사법과 살해의도』(성균관대학교출판부).

_____ 2015. 『인간 위대한 기적인가, 지상의 악마인가?』(사람의 무늬, 성균관대학교출판부).

S

Sadler, T. W. 2012. Langman's Medical Embryology, 12th ed. (Baltimore, MD: Lippincott Williams & Wiklins).

Schwarz, Stephen 2007. "Excerpts from The Moral Issue of Abortion" (e-article).

Shannon, Thomas and Wolter, Allan 1990. "Reflection on the Moral
   Status of the Pre-Embryo", Theological Studies, Vol. 51.

Shoemaker, David 2005. Embryos, Souls and the Fourth Dimension.
   Social Theory and Practice, Vol. 31, No. 1.

Singer, Peter 1993. Practical Ethics (New York, NY: Cambridge
   University Press).

Singer, Peter and Dawson, Karen 1990. "IVF Technology and
   the Argument from Potential", in Peter Singer (eds) Embro
   Experimentation Ethical, Legal and Social Issues (Cambridge
   University Press).

Stalnaker, Robert 1975. "A Theory of Conditionals", Causation and
   Conditionals, ed. Ernest Sosa (Oxford : Oxford University Press).

Swinburne, Richard 2003. "The Soul" Philosophy of Mind
   Contemporary Readings eds. by Timothy O'connor and David
   Robb (Routledge Contemporary Readings in Philosophy). 이 논
   문은 그의 저서(Swinburne, Richard 1996, Is There a God, Oxford
   University Press, Oxford) '5장'에 "How the Existence of God
   Explains the Existence of Humans"이란 제목으로 실린바 있다.

T

Tauer, Carol 1988. 'The Tradition of Probabilism and the Moral Status

of the Early Embryo', in Patrica Tung and Thomas Sahnnon
eds, Abortion and Catholicism: The American Debate, Virginia
(Crossroad).

Thomson, Judith 1971. "A Defense of Abortion", Philosophy & Public
Affairs, Vol. 1, No. 1.

Tooley, Michael 1972. 'Abortion and Infanticide', Philosophy and
Public Affairs, Vol. 2, No. 1.

_____ 1980. 'An Irrelevant Consideration: Killing vs.
Letting Die', in Bonnie Steinbock (ed.) Killing and Letting Die
(Englewood Cliffs, N.J.: Prentice-Hall).

_____ 1983. Abortion and Infanticide (Oxford: Clarendon
Press).

W

Warren, Mary 1973. "On the Moral and Legal Status of Abortion", The
Monist, Vol. 57, No. 4.

Werner, Richard 1974. "Abortion: The Ontological and Moral Status of
the Unborn", Social Theory and Practice, Vol. 3, No. 4.

Wertheimer, Rodger 1971. "Understanding the Abortion Argument",
Philosophy and Public Affairs, Vol. 1.

Widerker, David 1995. 'Libertarianism and Frankfurt's Attack or the
Principle of Alternative Possibilities', Philosophical Review, Vol.

104.

Wilkins, Burleigh 1993. "Does the Fetus Have a Right to Life", Journal of Social Philosophy, Vol 24, No 1.

주석

1   Fienus, 182면.

2   어느 시점부터 태아가 사람인지(생명권을 가지는지)의 물음을 놓고 수정란 시점을 지목하는 보수주의자와 출생 시점을 지목하는 자유주의자(liberal) 그리고 수정란 시점과 출생 시점 사이의 어떤 시점을 지목하는 절충주의자 (moderate)가 대립하고 있다.

3   학원사역부 엮음, 188면.

4   학원사역부 엮음, 188면.

5   드레버만, 28면.

6   Koop, 27면.

7   Schwarz, 7면.

8   Wertheimer, 43면.

9   낙태에 대한 기념비적 논문을 남긴 여류철학자 탐슨(Judith Thomson)은 연속선상에 있어도 도토리가 상수리나무가 아닌 것처럼 수정란과 신생아는 별개의 대상이라고 꼬집는다 (Thomson, 47면). 이에 대한 보수주의자들의 반박 및 그들의 반박이 성립하지 않는 이유는 부닌(David Boonin)을 참조하기 바란다 (Boonin, 40~45면).

10   Boonin, 35면. 부닌은 본문의 답변이 설득력을 가진다고 말한다. 하지만 그 이유에 대한 설명을 아끼고 다른 이유를 들어(미끄러운 경사길이 정자와 난자로까지 이어진다는 이유를 들어) 미끄러운 경사길 논변을 부정한다.

11   철학자 프랑크퍼트(Harry Frankfurt)가 이름 붙인 '대안 가능성 원칙 (principle of alternative possibilities)'에 따르면, A 이외의 다른 행위를 할 수 있었는데도 불구하고 A를 한 경우가 아니라면 A를 한 데 대한 도덕

적 책임이 없다 (Frankfurt, 167면). 프랭크퍼트는 대안 가능성의 원칙을 부정하지만, 그의 주장이 성공적일 수 없는 이유는 지넷(Carl Ginet)과 위더커(David Wideker)를 참조하기 바란다.

12 Mangan, 43면.

13 수단/부수적인 결과와 의도의 관계 및 의도한다는 것의 필요충분조건은 필자의 『형사법과 살해의도』를 참고하기 바란다.

14 워런은 의식, 의사소통능력 등의 정신능력을 나열하고 그들 능력을 가졌다는 것이 사람이라는 것의 충분조건이라고 확신할 수 없지만, 그들 능력 모두를 갖지 못한 대상은 사람일 수 없다고 못박는다. 따라서 초기 단계의 태아는 명백히 사람이 아니라는 것이며, 그녀가 초기낙태는 머리카락을 자르는 것만큼 도덕적으로 중립적(morally neutral)이라고 표현한 이유이다. 후기 단계의 태아에 대해서도 포유류나 심지어 성체 금붕어에 열세를 면치 못한다는 멘트도 잊지 않는다.

15 Warren, 논문 전반.

16 Engelhardt, 183~194면. Lizza, 351~374면.

17 Boethius, Liber de Persona et Duabus Naturis Ch 3; PL 64,1343.

18 로크는 사람을 "이성과 반성능력을 가진, 자신을 자신으로 고찰할 수 있는, 생각하는 지성적 존재자"로 정의하고, 활동능력에 초점을 맞춰 사람이란 "지각이 있거나 고통과 쾌락을 자각하는, 행복하게 되거나 비참해질 수 있는, 따라서 의식이 있는 한 자신에 대해 관심을 가지는 의식을 가진 생각하는 존재"라는 설명을 가하며 (Locke, 62면), 독일의 철학자 칸트(Immanuel Kant, 1724~1804)는 명저 『도덕형이상학 원론』에서 보편적 도덕률을 이해할 수 있고 격률(maxims)에 따라 행위할 수 있는 이성적인 존재라야 사람일 수 있다는 입장을 취한다.

19 Grobstein, 25면.

20 Noonan, 57면. 누넌은 본문의 인용문에서 인간의 유전자 코드를 가진 존재를 'man'이라고 표현한다. 누넌이 유전적 특성을 강조한 이유가 수정란의 도덕적 지위를 주장하기 위해서이므로 'man'을 인간(human)으로 번역하지 않고 사람(person)으로 번역했다.

21 식품과학기술대사전

22 철학자 파인버그(Joel Feinberg)에 따르면, "X에 대한 내 권리가 절대권의 성격을 띠고 있다면, X에 제한을 가할 수 있는 또는 X에 상응하는 타인의 나에 대한 의무가 면제되는 경우는 없다." (Feinberg, 225면) 철학자 맥코넬 (Terrence McConnell) 역시 절대권을 다음과 같이 정의한다. "절대권이란 (그러한 권리가 실제로 있다면) 어떠한 상황에서도 타인에게 그에 대한 의무를 지운 채 소유자에게 전적으로 남아 있는 권리를 말한다. X에 대한 내 권리가 절대권이라면, 합리적으로 X에 제한을 가할 수 있는 상황 또는 X에 대한 타인의 의무를 면제할 수 있는 상황은 있을 수 없다." (McConnell, 6면, 13면)

23 정자와 난자를 놓고도 전자가 후자의 충분조건이라는 것으로 족하다고 주장할 수는 없다. 즉, 정자와 난자에게 생명권이 있지만 그들의 생명권은 수정란의 생명권과 달리 절대권이 아니라고 주장할 수는 없으며, 그렇게 주장하는 보수주의자도 보지 못했다.

24 Davis v. Davis, 842 S.W.2d 588, 597 (Tenn. 1992). 영 판사는 선배판사인 누년이 그랬던 것처럼 사람을 'man'으로 표기한다.

25 Koch-Hershenov, 140~141면.

26 Cahill, 136면.

27 Gardner, 557면.

28 Gardner, 558면.

29 Gardner, 558면.

30 케플러 438b 정착민들에게 생명권이 있다고 보아야 하는 이유가 그들의 정신능력 때문이라는 것이 낙태 반대론자뿐 아니라 동물권 옹호론자에게 치명적일 수밖에 없다. 케플러 438b 정착민들에게 생명권이 있는 이유가 그들의 정신능력 때문이라면 살고 싶은 욕구를 갖지 못한 시점의 태아의 생명권과 고통을 당하고 싶지 않은 욕구를 갖지 못한 시점의 태아의 고통을 당하지 않을 권리를 옹호하기 어려우며, 고통을 당하고 싶지 않은 욕구를 가진 동물의 고통을 당하지 않을 권리를 부정할 수 없기 때문이다. 이 책에서의 논의는 수정란에 국한시켰으므로 위의 논의는 생략하고자 한다.

31 Tooley, 46면. 본문의 갑수 예와 을수 예는 툴리의 주장을 각색한 것임을 밝혀 둔다.

32   Aristotle, Generation of Animals I, 729a.10.

33   Aristotle, Generation of Animals I, 738b. 25.

34   Aristotle, Generation of Animals I, 736b.14~15.

35   Aristotle, History of Animal (VII, 583b, 3-5) Jonathan Barnes (ed), The Complete Works of Aristotle,The Revised Oxford Translation, 914면.

36   Swinburne, 33면.

37   근대철학을 창시한 데카르트(René Descartes, 1596~1650)가 말하는 영혼을 놓고도 '수태 이후 영혼주입설'이 합리적인 해석일 수 있다. 그의 철학체계에서 마음(mind)이 곧 영혼이며, 영혼은 의식 주체, 즉 '사유존재(thinking thing)'로서, 육체를 잃을 경우 육체를 떠나서도 존재할 수 있다. 그에 따르면 영혼은 어디에 있건, 심지어 어머니의 자궁에 있건 언제나 사유존재이며(Descartes 1991, 189면), 비록 기억은 못하지만 육체에 들어가자마자 사유를 시작한다. (Descartes 1985, 171~172면) 이렇듯 데카르트적 영혼은 의식과 관계된 장기가 생성되는 시점에 들어간다는 것이 합리적인 해석일 수 있다.

38   Thomas Aquinas, Summa Contra Gentiles 2. 89. Thomas Aquinas, Summa Theologica, I. 118. 1. 4. Thomas Aquinas, Summa Theologica, I. 118. 2. 2.

39   Aqinas, Quaestiones disputatae de potential dei, I q. 3 a. 11; a. 9.

40   Thomas Aquinas, Summa Theologica, I. 93. 4. 1.

41   Thomas Aquinas, Summa Theologica, III. 27. 2.

42   Thomas Aquinas, Summa Theologica, III. 27. 2. 2.

43   Thomas Aquinas, Summa Theologica, III. 27. 2. 1.

44   Donceel, 83면.

45   Shannon and Wolter, 620면.

46   Donceel, 98면.

47   Lee, 83~84면.

48   Lee, 84면.

49 생명권을 정신적인 내력의 계속 존재할 권리로 보아야 하는 이유는 필자의 『인간 위대한 기적인가, 지상의 악마인가?』 '4장'을 참고하기 바란다.

50 단실에 따르면 "한 명의 인간 사람이 두 명의 또는 그 이상의 인간 사람으로 나뉘어질 수 없다." (Donceel, 97~98면) '인간 사람(human person)'에 대해서는 '3.2.'에서 설명된 바 있다.

51 Shoemaker, 63면. 불임시술 전문의가 16세포기에 접어든 배아의 세포들을 모두 분리 배양해 각기 배반포로 성장시켰다고 해보자. 이론적으로는 가능한 시나리오다. (코흐-헐쉬노브는 아직 밝혀진 바 없다고 주장하지만) 전배아 세포들 모두 개체를 형성할 수 있는(사람이 될 수 있는) 개체형성능을 가졌기 때문이다. 이 경우를 놓고도 본문의 네 가능성 모두를 짚어볼 수 있다. a. 16세포기 배아에 있던 영혼이 분리된 열여섯 배아 모두에 들어갔다. b. 16세포기 배아에 있던 영혼이 분리된 열여섯 배아 중 하나에 들어갔고, 나머지 열다섯 배아에는 새로운 열다섯 영혼이 들어갔다. c. 16세포기 배아에 있던 영혼은 어디에도 존재하지 않게 됐고, 분리된 열여섯 배아에 새로운 열여섯 영혼이 들어갔다. d. 16세포기 배아에 열여섯 영혼이 공존했고, 분리되며 각기 자리를 잡았다.

52 철학자 타우어(Carol Tauer)의 경우 영혼은 불멸한다는 형이상학적 관념을 수용하는 한 영혼이 나뉘어지거나 합쳐질 수 있다는 해석은 가능하지 않다고 주장하는 등(Tauer, 56면) 많은 철학자들이 영혼이 나뉘어지거나 합쳐질 수 없는 이유에 대해 나름의 설명을 가함으로써 쌍둥이로 분리되거나 분리된 쌍둥이가 합쳐지는 현상이 발생하는 시점까지는 영혼이 들어올 수 없다는 입장을 취한다. (Mahoney, 66~67면. Eberl 2000, 134~157면)

53 신부이자 신학자이고 철학자인 포드(Norman Ford)는 14일 미만의 배아가 가진 생물학적 특성들로 미루어 14일 미만까지는 사람일 수 없다는 입장을 내놓는다. 포드에 따르면 14일 미만의 배아가 가진 생물학적 특성들이 14일 미만의 배아는 전체의 일부 또는 작은 물질들의 집합체가 아닌 단일 개체로서 존재하는 존재론적 개체(ontological individual)일 수 없다는 것을 보여준다. (Ford, 212면)

54 Shoemaker, 63~64면. 가톨릭 부부 철학자 헐쉬노브(David Hershenov)와 코흐-헐쉬노브(Rose Koch-Hershenov)는 'b'를 옹호하지는 않지만 다음과 같이 언급한다. "종교권의 영혼주입설 옹호론자라면 신이 원하면 언제

든지, 3주된 시점이건 아니면 다른 시점에건 누군가를 창조할 수 있다는 것을 인정해야 한다. 창세기의 이야기를 자구 그대로 받아들이면 애덤과 이브는 수정란이었던 때가 없었던 인간들이었다. 영혼주입설 옹호론자가 받아들일 수 없는 것은 수태 시점에 영혼이 들어오지 않았던 배아가 존재한다는 입장이다. 그런 배아가 존재한다는 것은 영혼이 배아의 개체 형성에 그리고 발달 목적에 도움이 되지 않는다는 뜻이기 때문이다." (Hershenov and Koch-Hershenov, 3면) 하지만 위의 언급이 'b'에 도움이 될 수는 없다. 창세기 이야기를 자구 그대로 받아들이느냐는 의문 등은 차치하더라도, 헐쉬노브 부부가 말하는 영혼은 인간의 이성적 영혼일 필요 없이 아리스토텔레스와 아퀴나스의 동물적 영혼으로 족하다는 답변이 가능하기 때문이다.

55 Koch-Hershenov, 155-160면. Koch-Hershenov, Rose 2006. Curtis, 136면.

56 Koch-Hershenov, 160면.

57 Koch-Hershenov, 158면.

58 Koch-Hershenov, 158면.

59 Hershenov and Koch-Hershenov, 4~5면.

60 Hershenov and Koch-Hershenov, 5면.

61 Hershenov and Koch-Hershenov, 7~8면.

62 Koch-Hershenov, 159면. 본문의 '전배아(pre-embryo)'는 '3.3.'에서 설명된 바와 같이 14일 미만의 배아를 의미한다.

63 Lu, 107면.

64 Eberl 2007, 11면.

65 Eberl 2007, 11면.

66 Koch-Hershenov, 159면.

67 코흐-헐쉬노브와 헐쉬노브는 융합현상이 일어나는 시점까지는 영혼이 들어오지 않는다는 슈메이커의 주장을 부정한다. (Shoemaker 2005, Hershenov and Koch-Hershenov 2006) 하지만 그들의 주장이 융합 문제를 해결하기에는 턱 없이 부족하며, 따라서 그들의 주장에 대한 논의는 생략하고자 한다

68 Iglesias, 36면.

69   Wilkins, 123면.

70   Buckle, 90면. Wilkins, 123면.

71   신생아에게 생명권이 있다는 것을 의심해본 경험이 없을 것이다. 하지만 논
     의된 바와 같이 성인에게 생명권을 부여한 속성은 정신과 관계된 속성이다.
     따라서 선입견을 버린다면 그와 같은 속성을 아직 보유하지 못한 신생아에
     게 권리가 있을지 의문을 갖는 것이 오히려 자연스럽다. 툴리와 같은 낙태찬
     성론자들이 영아살해를 낙태 차원으로 이해하는 이유이다. 이 역시 중요한
     논의 대상이나, 수정란의 생명권이 이 책의 주제이므로 그에 대한 논의는 생
     략하고자 한다. 앞으로 '성인에게 생명권이 있다'는 등의 표현은 '신생아 시
     점부터의 대상에게 생명권이 있다'는 의미로 이해하기 바란다.

72   Tooley 1972, 55~56면.

73   Dworkin, 11면. 종교철학자 페렛(Roy Perrett)도 드워킨을 따라 '파생주장'
     과 '이격주장'이라 표현한다. (Perrett, 187면)

74   Benn, 143면.

75   Feinberg, 1992, 51면.

76   Singer, 153면.

77   낙태 찬성론자인 부닌(David Boonin)도 이와 유사한 문제점을 지적한다.
     (Boonin, 46면)

78   Boonin, 47면.

79   Wilkins, 126~127면. 윌킨스에 따르면 잠재적인 미국 대통령이라는 것은 단
     순히 법적으로 미국 대통령에 당선될 자격이 있는 무수한 미국인을 의미하
     므로 가능한 대통령(possible president)으로 표현하는 것이 옳다.

80   Wilkins, 127면.

81   Reiman, 64면. 이 이외에도 의과대 학생 해법이 안고 있는 문제점은 끊이지
     않는다. (Boonin 2002, 48면을 참고하기 바란다)

82   Buckle, 90면. ('human'은 '유전적 의미의 인간'을 그리고 'subject'는 '고
     려 중인 사람(person)'을 의미하므로, 'potential human subject'와 'actual
     human subject'를 각기 '인간의 유전자를 가진 잠재적인 사람'과 '인간의 유
     전자를 가진 실제적인 사람'으로 번역했다.) 흥미롭게도 버클은 논의된 바와

같이 파생주장을 개진할 뿐 아니라 본문에서와 같이 이격주장도 개진한다.

83   Dworkin 1977, 91~98면, 189~191면, 269면. Dworkin 1985, 2~3면.

84   Jasper, James and Nelkin, Dorothy, 5면.

85   Tooley 1983, 193면.

86   Tooley 1972, 58면.

87   동기의 종류 및 적용범위에 대한 논의는 필자의 『형사법과 살해의도』 '3장'을 참고하기 바란다.

88   본문의 예는 툴리의 예에 에피소드를 가미한 예임을 밝혀둔다. (Tooley 1972, 59면)

89   Tooley 1980, 107면.

90   Tooley 1972, 60면.

91   Tooley 1972, 61면.

92   Tooley 1972, 61면.

93   Lang, 129면.

94   Eberl 2014, 101면.

95   Foot, 11~12면.

96   Malm, 240면. 맘의 사유실험을 지금의 논의에 맞게 각색했음을 밝혀둔다.

97   Malm, 240면. 맘의 사유실험을 지금의 논의에 맞게 각색했음을 밝혀둔다.

98   본문의 화차 예와 앞으로 논의될 화차 예들 모두 풋(Philippa Foot)이 처음 제시한 트롤리 예(trolley case)를 각색한 것임을 밝혀둔다.

99   Tooley 1980, 60면.

100   Tooley 1980, 60면.

101   Malm, 238면. 본문의 두 경우는 한 명의 행위자 그리고 하나의 상황만이 연루된 경우로서, 맘은 '갈등 사례(conflict example)'라 칭한다. 맘에 따르면, 위의 두 경우에서 모두 부도덕해 보이는 두 행위 중 하나를 선택해야 하며, 죽이고 죽게 방치하는 데 있어서의 행위자의 주된 의도나 흉악한 동기, 특별한 책임, 행위자가 해를 입을 위험, 한쪽의 희생이 다른 쪽을 살리는 데 수단으로 쓰였는지 등의 문제에 기인한 복잡성이 결여되어 있다. 따라서 맘

은 그들을 '단순 사례(simple example)'라 칭하고, '단순갈등 사례(simple conflict examples)'를 통해 부도덕하게 보이는 두 행위 중 어느 한쪽을 선호할 만한 도덕적 근거를 찾고자 시도한다.

102   Malm, 246면.

103   철학자 캄(Francis Kamm)이 각색한 풋의 예를 재각색 했음으로 밝혀둔다.

104   Eberl 2014, 103~104면.

105   Eberl 2014, 104면.

106   Eberl 2014, 104면.

107   Eberl 2014, 104면.

108   ´Diogenes Laertius, 651면 (BK. X, 124~25). Diogenes Laertiu 1925. Lives of Eminent Philosophers, vol. 2 (Cambridge, Massachusetts).

109   에피쿠로스에 대한 철학자 네이글(Thomas Nagel)의 반론을 평가하며 로젠바움(Stephen Rosenbaum)과 실버스타인(Harry Silverstein)도 같은 지적을 한다. (Rosenbaum, 126~127면)

110   Lang, 141면.

111   Lang, 142면.

112   Lang, 130면.

113   Lang, 143~144면.

114   Lang, 132면.

115   Harris, 11~12면.

116   Harris, 11~12면. 본문의 피임약은 사후피임약을 말한다.

117   Buckle, 227면.

118   Marquis, 192면.

119   Noonan, 56면.

120   Noonan, 57면.

121   Singer and Dawson, 86면.

122   Sadler, 13면.

123   Pluhar, 167면.

124   John Noonan

125   Buckle, 92~93면. 디실베스트로(Russell DiSilvestro)와 에베를 등의 보수주의자도 적극적/소극적 잠재력을 구분해야 한다는 데 의존해 정자와 난자의 잠재력을 차별한다. (DiSilvestro, 285~304면, Eberl 2014, 99~100면)

126   Buckle, 99면.

127   Werner, 57면.

128   Hursthouse, 80면. 원문에서 허스트하우스는 "어떤 대상이 외적 개입 없이 독자적으로 F가 될 수 있다면 그 대상은 잠재적인 F다"고 표현하고 있지만 문맥상 "어떤 대상이 외적 개입 없이 독자적으로 F가 될 수 있는 경우에만 그 대상은 잠재적인 F다"는 의미이다. 따라서 본래의 의미인 후자의 의미로 번역했음을 밝혀둔다.

129   Harris, 11~12면.

130   Annis, 155~158면.

131   Perrett, 188면.

132   본문의 두 문장은 철학자 애덤스(Adams, 89~94면)가 제시한 이래 고전으로 인용되고 있다.

133   가정적 조건문, 반사실적 조건문 모두 적절한 용어는 아니다. 직설적 조건문도 반사실적 의미를 담을 수 있을 뿐 아니라, 반사실적인 의미를 담지 않은 가정적 조건문도 가능하기 때문이다. (핀텔[Kai Fintel] 467면을 참조하기 바란다.) 페렛을 따라 가정적 조건문이라는 표현을 쓰기로 하자.

134   직설적 조건문과 가정적 조건문의 상세한 차이점은 쿠(Khoo, 1~40면)를 참조하기 바란다.

135   Stalnaker, 173면. Perrett, 188면.

136   Stalnaker, 173면.